KB033741

아이는

당신과 함께

자란다

이 책을 나의 가장 친근한
세 벗님이자 스승에게 바친다.

자기 생각에 갇히지 않는 유연함,
일상에서 느끼는 우주와 생명의 경이로움,
그리고 언제 어디서나 누구한테나 배우려는 마음.

흔들리는 부모와
교사를 위한 교육론

아이는
당신과 함께
자란다

이철국 씀

민들레

차례

4장 유연한 뇌를 가진 아이들

2부 공진화하는 교육의 주체들

5장 공진화하는 교육의 주체1 _부모

6장 공진화하는 교육의 주체2 _교사

7장 교육 주체들의 조화로운 공전

3부 진화하는 교육

8장 교육에서의 자유와 가치 그리고 학습

9장 정글의 법칙에서 숲의 원리로

10장 새로운 리더십을 기다리며

교육 현장은 선동보다 설득이,
물질에 대한 욕망보다 인간을 향한 연민이 힘을 발휘하는 곳이다.
그래서 절망의 시기에도 터무니없어 보이는
희망의 끈을 놓지 않을 수 있는지 모른다.

다시, 교육의 길을 묻는다

1

공교육 교사로 입시교육에 종사하다가 다른 길이 있다
는 것을 알고 대안교육에 뛰어들었다. 그때가 40대 중반으
로, 대안교육계에서도 나이가 많은 축에 속했다. 대안교육
의 철학도 철학이지만 그보다는 아이들의 살아 있는 모습
과 동료 교사들의 열정이 나를 이끄는 원동력이었다.

물론 교육의 한계도 잘 알고 있다. 그렇지만 공교육이
건 대안교육이건 교육이란 말에는 가슴을 뛰게 만드는 무
언가가 있다. 교육은 여전히 세상을 변화시킬 수 있고, 사
랑이 가능하다는 희망을 갖게 한다. 학교와 가정에서 인

간다운 대접을 받고 자란 아이들이 우리 사회를 조금이라도 더 인간적으로 만들어 주리라는 작은 소망을 놓지 않았다. 교실에서의 배움이 학교를 넘어서 사회적으로 확장되기를 바랐다.

한편으로는 내 소망과 기대를 절제할 줄도 알게 되었다. 아이들이 학교에 있는 동안 마음껏 가르치고 사랑하고 껴안아 주었다면 그것으로 충분하다고 생각한다. 아이들에게는 자신의 삶을 자신의 기획 아래 살아갈 권리와 책임이 있다. 자신의 콧구멍으로 숨을 쉬고, 자신의 두 발로 걷고, 자신의 머리로 생각하고, 자신의 심장으로 사랑해야 한다. 그들이 교사가 바라는 대로 살아야 할 어떤 교육적, 철학적 근거도 없다. 아이들은 자유로운 존재다.

의도한 것은 아니지만 나는 어린이집부터 초등학교, 중고등학교까지 다양한 과정의 아이들을 만나고 가르쳐 보았다. 아이들 입장에서 볼 때 교사는 어른들을 대표해서 교육이라는 시공간에 등장한 인생과 배움의 대표 선수다. 교사란 매 순간 변하고 성장하는 아이들의 성장 속도를 따라잡아야 하는 참으로 벅찬 직업이다. 그래서 아이들을 따라잡을 수 없을 때는 동료 교사의 능력과 지혜를 빌리기도 하고, 또 자기 그릇이 작음을 깨닫고는 주저 없이 아이들을 손에서 놓아주기도 한다.

평생 제자로 삼을 만한 아이를 찾다가 포기한 이유는 '모든 아이들은 다 특별하다'는 진실을 깨달았기 때문이다. 이는 곧 나의 교육철학이 되었다. 교사의 존재 이유는 아이들이다. 무엇으로도 대체할 수 없는, 바로 지금 내 앞에 있는 아이들이다. 교사 없는 아이는 있어도 아이 없는 교사는 없다. 나아가 나에게 아이들은 교육과 인간이 무엇인지 가르쳐 주는 스승이었다.

2

나는 왜 교사가 되었는가? 교사는 어떤 사람이고, 또 어떤 사람이어야 하는가를 실제 교사가 되고 나서야 알게 되었다. 아이들과 희로애락을 함께하며 그들의 성장과 좌절에 동행하고 싶어서 교직을 택했다는 것도 나중에 깨달았다. 어린 벗들과 함께 이 세상을 탐구하며 성장하고픈 욕망이 나를 교육으로 이끌었던 것이다.

지나온 내 인생과 주변 사람들을 살펴보면, 누구도 일직선으로 성장하지 않았다. 또 숨 쉬며 살아가는 동안에 성장을 완성하는 사람도 없다. 이건 절망이 아닌 희망의 메시지다. 내일은 좀 더 나아질 수 있다는 가능성이 있기 때문이다.

청소년 시기에는 가치관이나 직업관이 완성되지 않는다. 인간은 늙어서도 자신의 가치관을 형성해 나간다. 예를 들면, 나는 지금 60대이지만 아직도 공부하고 실천하면서 가치관을 수정하고 다듬는 중이다. 가치관이 확고한 사람을 보면 부럽기는 해도 부끄럽지는 않다. 가치관은 혼자 결정하는 것이 아니라, 타인과의 관계 속에서 형성하는 것이다. 매일매일 살아가면서 나의 가치관은 흔들리기도 하고 확고해지기도 한다. 그것이 타인과 격렬하게 부딪힐 때 '아, 이건 아니구나' 하는 자각이 일어나면서 한 단계 성장하곤 한다.

자신이 추구하는 가치가 소중하면 소중할수록 정신세계가 경직되지 않게 조심하고 또 조심해야 한다. 인터넷 세상에서는 낯선 것에 거침없이 접속하면서도 정작 자신의 정신을 새롭게 가꾸는 일 앞에서는 머뭇거린다. 이 위험에서 벗어나려면 마음을 열어 새로움을 받아들이고 타자를 인정해야 한다.

한편 교육은 나에게 언제나 위로가 되어 주었다. 비록 사회를 바꾸지는 못해도 나 자신은 바꿀 수 있으니까. 교육 현장은 선동보다 설득이, 물질에 대한 욕망보다 인간을 향한 연민이 힘을 발휘하는 곳이다. 그래서 절망의 시기에도 터무니없어 보이는 희망의 끈을 놓지 않을 수 있는지 모른다.

교육을 통한 치유를 말한다면 나도 하나의 사례가 될 것이다. 이때의 치유는 고통과 두려움이 사라진 상태가 아니다. 고통과 두려움이야말로 내가 살아 있음을 증명하는 조건이기에 기꺼이 받아들이게 되었다는 뜻이다. 살아 있기 때문에 불안하고 고통스러우니, 이는 현생에서 누리는 삶의 대가라고 할 수 있다.

세상은 욕망하라고 부추기지만, 그보다는 지상의 별인 꽃과 밤하늘의 꽃인 별을 바라보며 바르게 살면 세상살이가 한결 쉽다. '나 아닌 것들을 위해 마음을 나눌 줄 아는 사람은 아무리 험한 세상이 되어도 스스로 험해지지 않는다'는 인도 잠언을 마음에 새긴다. 세상과 더불어 거칠어지지 않고 살아가고 싶다.

3

이 책을 읽기 전에 두 가지를 말씀드리고 싶다. 우선 일반교육과 대안교육은 흔히 생각하는 것처럼 그렇게 다르지 않다. 대안교육은 '특별한' 교사가 '특별한' 아이를 대상으로 하는 '특별한' 교육이 아니다. 그저 교육의 본모습을 추구할 뿐이다. 공교육과 마찬가지로 공공성을 지닌 교육을 추구한다.

따라서 이 책에 종종 등장하는 '대안교육'이라는 말을 그냥 '교육'으로 대체해도 문제될 것이 없다. 이 책에서 이야기하는 모든 사례를 일반학교에 적용할 수 있다. 형식권 교육인 공교육의 장점은 안정성에 있고, 비형식권 교육인 대안교육의 장점은 다양한 시도를 할 수 있다는 데 있다. 서로의 장점을 주고받을 수 있다면 우리 교육은 한결 발전할 것이다. 대안교육이 안정적인 토대 위에 다양한 교육적 시도를 하고, 공교육이 그중에서 좋은 사례를 채택한다면 상생할 수 있다.

공교육과 대안교육에 각각 15년 이상을 몸담았던 필자로서 우리 교육이 공교육과 대안교육이라는 양 날개로 날아오를 때 더욱 비상할 수 있다는 믿음을 가지고 있다. 개인적으로 공립학교에서 일할 때와 대안학교에서 일할 때의 마음가짐은 하나도 다르지 않다. 대안교육을 하는 이유는 아이들이 달라서가 아니다. 그저 다르게 가르치고 싶어서, 교육다운 교육을 하고 싶어서일 뿐이다.

또 하나 말씀드리고 싶은 것은, 이 책에 자주 등장하는 자연과학적 통찰에 관한 것이다. 인생을 덜 불안하게, 좀 더 여유롭게 누리기 위해서는 두 가지를 확장해야 한다. 첫째, 질문을 확장해야 한다. 나와 자녀의 미래, 직업, 재산 증식과 같은 한정된 고민에서 생명, 지구, 우주에 대한 고민으로 질문을 확장하는 것이다. 모순으로 가득 찬 질문 덩어리를 내다 버리지 말고 끝까지 간직해야 한다. 질문의 확장은 생각의 도약을 의미한다. 수많은 생명과 행성 지구, 나아가 우주적 관점에서 바라보면 나의 위치와 정체를 보다 잘 파악할 수 있게 된다.

둘째, 다양한 시각을 통해 외연을 입체적으로 확장해야 한다. 우리가 사는 세상은 공간적으로만 본다면 3차원이다. 아이도 교육도 인생도 3차원이다. 한쪽 눈만 사용해서 평면적으로 보면 관점의 한계에 갇히고 만다. 오른쪽-왼쪽 두 눈을 모두 사용해서 입체적으로 보자. 이 세상을 두 눈으로 바라볼 수 있다면 그것이 바로 초능력을 발휘하는 것이며, 이 초능력은 모든 이들이 지니고 있다.

이 책에는 아이들을 이런저런 각도에서 살펴본 이야기가 많이 나온다. 특히 자연과학적 통찰에서 많은 암시를 받았고, 양자역학적 관점은 나를 흥분으로 몰아가기에 충분했다. 세상과 교육에 대한 과학자들의 깊은 성찰이 멋있고 또 부러웠다. 자연과학자가 교육에 대해 말할 수 있다면 교육자도 자연과학에 대해서 말할 수 있다. 인문학의 눈으로만 바라본 교육과 아이는 뿌연 안갯속에 있었는데, 천체물리학, 생물학, 신경과학을 공부하면서 시야가 선명해지기 시작했다. 인문학과 자연과학의 두 눈으로 보자 비로소 교육과 아이라는 상이 제대로 맺히기 시작한 것이다.

그래서 이 책에서는 자연과학과 교육을 접목시켰다. 세계는 미리 결정되어 있고, 아이들의 미래도 이미 정해져 있다고 믿는 뉴턴식 세계관과 교육관을 넘어서고자 했다. 인간과 자연이 서로 영향을 주고받으며, 아이들의 미래는 무한한 가능성으로 열려 있다는 양자역학적 세계관을 통해 교육을 새롭게 이해했다. 처음 자연과학을 공부하면서는 기대하지 않았던 뜻밖의 선물이다. 배움의 즐거움은 곧 '오늘의 나는 어제의 나보다 나아졌고, 내일의 나는 오늘의 나보다 나아질 것이다'라는 설렘이다. 이 얼마나 유쾌한 성장인지!

4

글을 쓰는 동안 노트북 화면을 노려보면서 적절한 단어와 문장을 찾으려고 갖은 애를 썼다. 내가 구사하는 언어가 지극히 제한적이라는 사실을 알고 절망하기도 했다. 폴란드 시인 비스와바 심보르스카가 〈단어를 찾아서〉라는 시에서 내 심정을 잘 대변해 주었다.

온 힘을 다해 찾는다
적절한 단어를 찾아 헤맨다
그러나 찾을 수 없다
도무지 찾을 수 없다

나의 글은 아이와 부모와 교사 사이에서 일어나는 놀라

운 사건들을 다 담을 수 없었다. 다행스럽게도 민들레 편집실은 어지럽고 부적절한 표현들을 꼼꼼하게 살피고 다듬어 주었다. 고마움을 전한다. 그리고 불이학교 선생님과 부모님 들의 대안교육에 대한 열정과 배려가 글쓰기에 많은 도움이 되었음을 밝힌다. 역시 감사드린다.

교육은 앞으로 나아갈 수 있는 징검다리가 필요하다. 그래서 부족하지만 하나의 징검다리를 놓는 심정으로 이 책을 세상에 내놓는다. 아무쪼록 이 책이 맞은편으로 무사히 건너갈 수 있는 작은 징검다리가 되면 좋겠다. 우주는 단한 번의 빅뱅으로 시작되었지만 교육에서는 작은 빅뱅이여러 번 일어난다. 아이는 좌절과 도약의 빅뱅을 통해서 어른이 된다. 부모와 교사 또한 그렇게 성장할 것이다. 모두에게 많은 빅뱅이 일어나기를 바란다.

1

진화하는
아이들

학교에 입학한 아이가 등에 메고 오는 것은 가방만이 아니다.

자신이 살아온 가정의 색다른 문화를 함께 메고 온다.

아이는 교실에 가방을 풀어 놓으며 자신의 개성과 문화도 풀어 놓는다.

그것을 또래와 나누면서 학급과 학교의 문화를 만들어 간다.

교실이라는 작은 공간에서 문명과 문명이 때로는 조심스럽게,

때로는 격렬하게 조우한다.

1장 느리게 성장하는 아이들

아이를 어떻게 볼 것인가?

어느 날 천사가 나타나서 단 하나의 질문에 대답해 주겠다고 하면 무엇을 물어 볼까? 많은 과학자들이 '외계에 고등 생명체가 존재하는가'라는 질문을 꼽았다고 한다. 나 역시 아직도 확실한 답을 찾지 못한 질문이 있으니, 바로 '교육이란 무엇인가'이다. 지금의 나에게 교육이란 각기 다른 아이들과 함께 차근차근 시간을 쌓아 만드는 기나긴 여정이다. 천사의 답변은 무엇일지 무척 궁금하다.

빔 벤더스 감독의 〈베를린 천사의 시〉라는 영화에 이런 시가 나온다.

아이가 아이였을 때는 질문의 연속이었다.

왜 나는 네가 아니고 나일까?

왜 나는 여기에 있고 저기에는 없을까?

시간은 언제 시작되었고 우주의 끝은 어디일까?

인생이란 사실 꿈이 아닐까?

악은 정말 존재할까? 정말 나쁜 사람이 있을까?

나는 '나'가 되기 전에는 대체 무엇이었을까?

언젠가 나란 존재는 더 이상 내가 아니게 될까?

어른들은 '아이가 아이였을 때'라는 이 당연한 구절을 잊고 살아간다. 모든 어른은 분명 한때 아이였는데 어른이 된 후 그 사실을 까맣게 잊는다. 그래서 이상하게도 아이를 잘 기르기 위해서는 아이에 대해 따로 공부해야 한다. 아이 앞에서 자신감을 잃고 당황하는 어른이라면 자신도 한때 어린아이였다는 사실을, 또 지난날의 청소년기를 떠올려 보라. 그 정도만으로도 적잖은 위로를 얻을 것이다.

자기 자신을 찾으려 애쓰고 스스로 길을 찾아가세요. 아이들을 알려고 하기 전에 자기 자신을 알려고 애쓰세요. 무엇보다 중요한 것은 당신도 한때 어린아이였음을 깨닫는 것입니다. 아이들을 기르고 가르치려면 무엇보다도 먼저 아이를 이해해야 합니다. _『야누슈 코르착의 아이들』중에서

아이는 모든 어른이 거쳐 온 '멀고도 가까운 과거'다. 그러나 나에게 아이는 고대 상형문자나 풀기 힘든 수수께끼 같은 존재였고, 이런 아이의 정체를 탐험하는 것에서부터 교육이 시작되었다. 아이를 어떻게 볼 것인가?

예로부터 많은 성인들이 아이를 찬양했지만, 니체의 표현에는 각별한 점이 있다. 니체의 자유로운 상상에 의하면 인간의 정신은 낙타가 되고, 낙타가 사자가 되고, 사자가 마침내 아이가 된다. 낙타는 삶의 짐을 지고 터벅터벅 사막을 건너간다. 사자는 부당하게 진 짐을 던져 버리고 그 짐을 강요한 자들을 향해 포효한다. 그러나 아이는 논다. 자기에게 주어진 삶을 즐긴다. 아이가 된 정신은 낙타와 사자를 잊지 않는다. 노고를 묵묵히 감당하되 부당한 짐을 거부하고 삶의 즐거움을 향유한다.

아이는 아름답고 명쾌하지만 알 수 없는 측면도 있다. 아이에게서는 인간의 난해함이 전부 발견된다. 원자 안에

있는 전자의 정확한 위치를 알 수 없다는 현대 물리학 이론처럼, 아이의 마음 역시 어디에 있는지 알 수 없다. 예쁘기도 하고 밉기도 하다. 이는 교사나 부모에게 기쁨을 주기도 하고 좌절감을 안기기도 한다.

아이를 인격체로 보고자 하면 그렇게 보이고, '인적 자원'으로 보고자 하면 또 그렇게 보인다. 만약 우리가 쓸모없는 물건을 만든다면 우리 자신도 쓸모없는 인간이 되는 것처럼, 만약 교사가 한 아이를 쓸모없는 아이라고 단정하면 교사도 아이도 쓸모없는 인간이 될 것이다. 그렇게 되면 이 세상은 쓸모없는 사람들로 넘쳐날지 모른다.

아이가 '지금 여기에서' 행복해야 한다고 생각하는 사회에서 아이는 늘 그 자리에 존재한다. 반면 아동기를 '미래'의 행복을 위한 준비 단계로 여기는 사회에서 아이는 어디에도 존재하지 못한다. 결국 어른이 어떻게 생각하느냐에 따라서 아이는 지금 이 순간에 존재하기도, 존재하지 않기도 한다.

나는 내가 아이를 어떻게 바라보았는지에 따라서 그의 성장에 영향을 미쳤다는 사실을 안다. 이제 나는 이러한 상호작용을 교육의 중요한 원리로 주저 없이 꼽는다. 여기한 시인의 아름다운 통찰이 있다.

내가 그의 이름을 불러주기 전에는

그는 다만

하나의 몸짓에 지나지 않았다.

내가 그의 이름을 불러주었을 때

그는 나에게로 와서 꽃이 되었다.

내가 그의 이름을 불러준 것처럼

나의 이 빛깔과 향기에 알맞은

누가 나의 이름을 불러다오.

그에게로 가서 나도

그의 꽃이 되고 싶다.

우리들은 모두

무엇이 되고 싶다.

너는 나에게 나는 너에게

잊혀지지 않는 하나의 눈짓이 되고 싶다. _김춘수, 〈꽃〉

아이들 이름을 하나하나 불러 줄 때 그들은 자기 모습으로 자연스럽게 존재한다. 교사 또한 아이들이 이름을 불러줄 때 자기 모습으로 존재하게 된다. 서로의 정당한 이름을 부른다는 것은 친구가 된다는 의미다.

아이는 일직선으로 성장하지 않는다

내가 교사로 있는 불이학교(중고등 대안학교)에서는 신입생을 뽑으면 11월 중에 맛보기 예비학교를 연다. 이때 어느새 훌쩍 자란 1, 2학년 재학생들이 일부 프로그램을 진행한다. 초등 6학년인 신입생들을 가르치고 함께 놀며 이끈다. 일 년 뒤에는 이 신입생들이 선배가 되어 신입생 교육을 담당할 것이다. 또 학교설명회에는 재학생들이 나와 발언을 하고 질문에 답하고 노래하며 기타를 연주한다. 수줍어하던 아이들이 어느새 어른들 앞에서 자기를 표현하고 싶어 한다. 이것이 성장이고 배움이다. 중1에서 중2로, 또 중3으로 계속 변하고 성장하는 모습을 지켜보는 것은 예상치 못한 즐거움이다. 아이의 몸과 마음이 자라는 것처럼 신비스런 일이 또 있을까? 매년 보면서도 그때마다 감탄하곤 한다.

중요한 것은 아이는 일직선으로 성장하지 않는다는 사실이다. 농사의 기쁨이 수확만은 아니듯 교육도 성장의 감동으로만 이루어지진 않는다. 태풍과 가뭄으로 소출이 없는 좌절의 시기가 있듯이 나의 무능과 뜻하지 않은 사건, 잘못된 인연 등으로 아이의 교육이 실패한 것처럼 보일 때도 있다. 교육은 농사보다 더 힘들고 오래 걸리는 과정이다.

아이는 자라면서 일탈을 하고 퇴행하거나 웅크리기도 한다. 이때가 중요한 순간이다. 현명한 부모는 알아채고 기다린다. 이를 견디지 못하는 부모가 있는데, 참 안타까운 일이다. 아이가 잠시 웅크리는 건 도약을 위해서 발판 위에 올라서는 일이다. 당장 도약하지 못하더라도 인생에서 꼭 필요한 숙성의 기간이다. 만약 부모와 교사의 이해와 보살핌 속에서 아이가 잠시 일탈한다면 두 손 들고 환영할 일이다. 자연스럽게 다가온 이 과정을 무시하거나 억압한다면 나중에 손을 쓸 수 없을 만큼 큰 일탈과 방황으로 이어질 수도 있다.

일탈하고 방황하는 아이가 자라서 어떻게 사람 노릇을 할까 걱정이겠지만 사실 부모도 예전에 다 그랬다. 그런데 지금 잘 살고 있지 않는가? 청소년기의 일시적이고 부분적인 면을 보고 아이 인생 전체를 재단해 버린다면 그건 전형적인 선입견이다. 다만 지나치게 폭력적인 성향을 보인다면 이 경우는 다르게 접근해야 한다.

특히 아이가 무언가를 적극적으로 해보다가 실수했을 때가 중요하다. 수백만 년에 걸친 인류의 진화 과정을 보면 실수는 오히려 자연스러운 과정이며, 호모사피엔스로 진화할 수 있었던 최고의 원동력이었다. 기계인 컴퓨터는 실수하면 다운되고 끝이지만, 유연한 몸과 머리를 가진 아이는 실수하면서 배운다. 실수나 실패할 가능성이 없는 단조롭고 억압적인 공간에서는 아이의 뇌가 새로운 것을 배울 수 없다. 실수할 줄 모르는 컴퓨터는 머뭇거릴 줄도, 빈둥거릴 줄도 모른다. 그래서 창의력과 상상력이 없다. 집에서 아이에게 '오늘 학교에서 재밌었니? 뭘 배웠니?' 물어보는 대신 '오늘은 무슨 실수를 했니?' 하고 물어보는 건 어떨까.

한국 유학생을 가르치는 외국 대학의 교수들이 한목소리로 지적하는 게 있다. 한국 학생은 일단 부정적인 피드백을 받으면 심리적으로 위축되고, 학습 의욕을 잃는 경우도 종종 있다는 것이다. 우리 사회가 그만큼 실수에 대해 너그럽지 못하다는 증거라고 생각한다.

느린 성장, 숙성

느린 성장도 빠른 성장 못지않게 중요하다. 호기심으로 가득한 아이의 시선을 오래도록 유지할 수 있기 때문이다. 물처럼 유연하던 아이가 어느 시점부터 돌처럼 굳어지고, 나이가 들면서 대부분 아이의 시선을 상실한다. 물론 어른으로 자라면서 지적으로 인격적으로 성숙해지는 측면이 있고, 이 성숙 과정이 좀 길어지는 것도 나쁘지 않다. 자녀가 빨리 성장해서 독립적인 인간이 되면 부모는 좋아하지만, 두드러진 장애가 없다면 느린 성숙이 나을 수도 있다. 성장은 어떤 의미에서는 유동적인 액체가 딱딱하게 굳는 것처럼 자유로운 상상력이나 유연한 사고에서 멀어진다는 뜻이다. 반면 성숙 기간이 긴 사람은 어린 시절 간직했던 아이의 눈을 오랫동안 유지할 수 있다. 아인슈타인은 자신의 위대한 발견이 '아이들이나 물어보는' 질문 덕분이었다고 술회했다.

나는 가끔 스스로에게 물어본다. 어쩌다가 상대성이론을 발견한 사람이 다른 사람이 아닌 내가 되었을까? 내 생각에 그 이유는 보통 어른이라면 하던 일을 멈추고 시간과 공간에 대해 생각하는 법이 절대 없기 때문이 아닌가 싶다. 이런 것은 아이 때나 해봤을 법한 생각이다. 하지만 나는 어른이 되고 나서도 공간과 시간에 대한 의문을 계속 품어 나갔다. 어른이 된 나는 당연히 그 문제를 더 깊이 파고들 수 있었다.

아인슈타인은 느리게 성장하면서 어린 시절의 놀라움과 호기심을 계속 간직했다. 놀라움, 호기심 같은 능력도 갈고닦지 않으면 녹슬고 만다.

15살 소년 아인슈타인은 '내가 만약 빛의 속도로 날아간다면 어떤 일이 일어날까'를 십 년 이상 상상해서 26살에 특수상대성이론을 내놓았다. 그로부터 십 년 뒤에는 일반상대성이론을 완성하기에 이른다. 대기만성이라는 말을 다시 생각해 봐야 한다.

시간과 성장에 대한 재미있는 이야기가 있다. 한 아이가 자기 인생 중 힘들고 지루한 시간을 그냥 건너뛸 수 있는 능력을 얻었다. 그가 초등학생이 되었을 때 노는 시간은 그대로 두고 수업은 건너뛰었다. 빨리 결혼하려고 대학도 건너뛰었다. 자녀가 자라는 시간도 건너뛰었다. 퇴직 후에는 불만스런 노인 생활도 건너뛰었다. 결국 그는 얼마 살지 못했다. 계단은 건너뛸 수 있지만 하루하루는 건너뛸 수 없다. 내 인생에서 지루하고 힘든 시간을 건너뛸 수는 없다. 설령 건너뛰더라도 후회하게 될 것이다. 그것은 인생을 단축시킬 뿐만 아니라 성장의 기회도 없애 버리기 때문이다.

만남을 통해 탈바꿈하는 아이

아이는 부모의 만남과 생물학적인 결합에서 비롯된 결과물이다. 이런 생물학적인 존재가 가정과 교육을 통해서 사회적 인격체로 거듭나는 신비로운 과정을 겪는다. 특히 아이는 공동체 속에서 '서로 나누는' 관계를 통해 한 인격체로 성숙하는데, 인간 성장의 비밀 열쇠는 바로 여기에 있다.

교육은 무엇인가? 아이에게 삶의 규칙을 가르치고 배우는 것이다. 가정과 학교, 사회 공동체 속에서 서로 주고받는 것이 세상에서 배워야 할 전부다. 이것을 소홀히 한 결과 오늘날 사람들은 새로운 미성숙의 상태에 빠져들었다. 조금만 생각해보면 생존에 필요한 모든 것이 자기 몸 바깥에 존재한다는 사실을 알 수 있다. 사람들과 관계를 맺고 의식주를 구해야 살아갈 수 있는데, 서로 주고받기에 서투르면 어려움을 겪을 수밖에 없다.

인생은 서로 주고받는 것이라는 말은 바로 이런 상호관계의 표현이다. 이런 의미에서 유아기 때 아이와 부모의 관계가 얼마나 중요한지는 아무리 강조해도 지나치지 않다. 부모와 아이 사이에 일어나는 상호작용은 이후 일어나는 모든 인간관계의 원형질이다. 아이가 자라면서 만나는 사람이나 자연과의 관계 맺기는 가정에서 이루어진 첫 번째 상호작용의 모방과 확대일 뿐이다. 부모와 아이는 대화를 시작하기 오래전부터 이미 이것을 주고받는다.

학교에 입학한 아이가 등에 메고 오는 것은 가방만이

아니다. 자신이 살아온 가정의 색다른 문화를 함께 메고 온다. 아이는 교실에 가방을 풀어 놓으며 자신의 개성과 문화도 풀어 놓는다. 그것을 또래와 나누면서 학급과 학교 의 문화를 만들어 간다. 아이는 그때까지 살아온 시간을 쌓아 만든, 작은 문명의 담지자이다. 교실이라는 작은 공 간에서 문명과 문명이 때로는 조심스럽게, 때로는 격렬하 게 조우한다.

아이는 각자 다른 문화를 서로 나누는 방법을 아슬아슬 하게 익혀 간다. 집에서 지낼 때와 달리 공동생활에서는 때로 내가 양보하지 않으면 모두가 힘들어진다는 사실을 어렴풋이 깨우친다. 종종 감정의 소용돌이에 빠지기도 하 지만 파탄으로 끝나기보다는 대개 융합의 길로 간다. 곤 충이 알에서 애벌레와 번데기를 거쳐 성충이 되는 변태 metamorphosis 과정이라고도 할 수 있다. 아이는 곤충과 달리 겉모습은 별 차이가 없어도 속은 완전히 달라지는 변태(탈 바꿈) 과정을 겪는다.

애벌레는 흔히 징그럽다고 배척당하고 밟히기도 하 지만 언젠가는 아름다운 나비가 된다. 번데기에서 최후 의 탈바꿈인 우화羽化, emergence를 함으로써 성충이 된다.

'emergence'란 창발創發로 널리 알려진 말인데, 수소와 산소가 합쳐져서 형태가 전혀 다른 물이 되는 것과 같은 창조적인 과정을 말한다. '우화'라고 표현한 이유는 날개가 생겨남으로써 땅에 매인 삶에서 벗어나 하늘로 날아오르기 때문이다. 나비나 잠자리 등이 우화할 때는 몸이 아주 약해지는데, 이때가 가장 위험한 시기다. 매미는 많은 개체가 한꺼번에 나무에 기어올라 함께 우화하는 전략으로 생존 확률을 높인다. 아이는 개별적으로 사춘기를 겪기 때문에 더욱 약하고 위험하다. 날개를 펼치고 하늘로 날아오를 때까지 가정, 학교, 사회가 지원해야 한다.

의존할 줄 아는 능력이 중요하다

매일 잠에서 깨어날 때마다 그리고 하루 일과를 마치고 잠자리에 들 때마다 '만물은 서로 의존하고 있다'는 사실을 새삼 느낀다. 나는 너에게, 인간은 자연에게, 땅은 하늘에게, 하늘은 땅에게 의존하지 않으면 하루도 존재할 수 없다. 상호의존은 자연의 이치이며 만물이 존재하기 위한 불변의 진리다.

하지만 우리는 어린 시절부터 줄곧 주체적인 존재, 독립적인 인간이 되도록 많은 격려와 훈련, 교육을 받아왔다. 자신의 나약함과 무능력을 드러내는 것은 터부시되어 왔다. 그래서 많은 사람들이 성인이 된 뒤에 친구, 선후배, 심지어 남편이나 아내 등 타인에게 도움받는 것을 불편하게 여기거나 꺼린다. 심한 경우 회복할 수 없을 지경이 되어서야 겨우 도움을 청한다. 지금도 이 세상은 함께 살아가는 곳이라고 주문을 외우면서도, 혼자서 살아가기 실행 버튼을 누르고 있다. 남을 도울지언정 도움을 받지는 않겠다는 체면 혹은 고집도 은연중에 작용한다. 참으로 역설적인 현상인데, 주체적인 존재, 독립적인 삶을 지향하는 현대인의 신념이 초래한 부작용이 아닌가 짐작해 본다.

교육 현장은 물론 사회 곳곳에서 도전, 자율, 진취적 기상 등 공격적인 언어로 이루어진 표어를 자주 목격한다. 반면 도움, 연대, 상호의존과 같은 언어는 찾아보기 힘들다. 히말라야 산맥에 늘어선 큰 산들을 오를 때는 '헬프(도와주세요)'라는 말이 가장 중요하다고 한다. 어떤 말도 이 단어 앞에서는 고개를 숙이고 빛을 잃는다. 하물며 히말라야보다 몇 배 더 힘든 인생이라는 산을 넘어야 하는 삶에 있어서라. 돌이켜 보면 나 역시 자립심이 부족해서라기보다는 도움을 청하는 방법을 잘 몰라서 힘들었던 기억이 더 많다. 힘들 때 타인에게 도와 달라고 손을 내밀었더라면 더 좋았을 텐데, 그때 왜 그 말을 하지 못했는지 아쉬움이 남는다.

교육 현장에서 지냈던 시간이 쌓이면서 인간의 성장을 다시 돌아보게 되었다. 이전까지 자립, 자율, 독립, 주체성 등의 가치를 높게 평가하면서 아이들에게 심어 주려고 노력했다면 이제는 아니다. 사람은 결코 혼자서 살아갈 수 없다는 사실을 뼈에 사무치게 깨달아야 한다. 특히 생태학적 세계관이 등장하면서 자율에 대한 비타협적인 강조는 인간의 일방적인 환상에 불과하다는 사실이 밝혀지고 있다. 겉으로는 어른이라고 해도 도움을 주고받는 것에 서투르면 그는 여전히 미성숙한 상태라고 볼 수밖에 없다.

요즘 세상은 긍정 과잉의 사회여서 어디나 긍정 바이러스로 넘쳐 난다. 누구나 마음만 먹으면 무엇이든 할 수 있다고 부추긴다. 경쟁에서 밀리면 모든 것이 개인의 책임이고 자립심이 부족해서라고 비난받는다. 청소년의 주체성, 독립심, 자율성도 중요하지만 도움을 주고받는 상호의존의 마음가짐도 그에 못지않게 중요하다는 사실을 알려주지 않는다. 힘들 땐 먼저 도움을 청할 수 있는 아이, 남의 도움을 잘 받을 수 있는 아이로 키워야 한다. 타인과 '관계 맺기'는 '도움 주고받기, 서로 의존하기'인 것이다. 건강한 상호의존은 개인은 물론 조직이나 사회 전체를 안정시키고 활동성을 높인다.

이타적이고 협동심이 높은 부모와 함께 사는 아이는 어려서부터 '어려운 사람을 도우면서 살아라'라는 말을 많이 듣는다. 틀린 말은 아니지만 그 아이는 도망치고 싶을지 모른다. 누군가를 도와주라는, 이의를 제기하기 어려운 지당하신 말씀 앞에서 "나도 누군가로부터 도움을 받고 싶다"는 말을 차마 못할 수 있다. 그 아이에게는 도움을 받고 의존하고 싶은 욕구를 채울 수 있는 극적인 반전이 필요하다.

'누군가가 도움을 필요로 할 때 잘 돕고 또 다른 사람의 도움을 잘 받을 줄 아는' 상호의존적인 태도가 오늘날 교육에 꼭 필요하다. 교육과정에서 추구해도 좋겠지만, 그보다는 학교 분위기나 문화를 누구나 도움을 청하고 받을 수 있는 풍토로 만들어 가는 편이 더 효과적이다. 몇 년 동안 몸을 푹 담그면 저절로 물들 수 있는 그런 일상적인 문화로 말이다. 자립심과 상호의존감이 한 사람 안에서 조화를 이루는 교육을 지향해야 한다.

2장 다 다른 아이들, 늘 다른 아이들

다른 아이들, 건강한 사회

인터넷 같은 IT기술의 발달로 마음만 먹으면 혼자서도 뭐든 배울 수 있는 시대인데도 아이는 왜 학교에 갈까? 그 이유는 바로 다른 아이들과 어울리며 관계 맺기 위해서다. 자기와 비슷하거나 같은 아이들이 아니라 '다른 아이들'을 만나는 것이 중요하다.

자기와 다른 사람을 받아들이고 잘 어울리기란 어른에게도 쉽지 않은 일이다. 이를 위해서는 아이들을 섞어서 키워야 한다. 일부러 찾아다니며 섞으라는 건 아니다. 동네, 학급, 학교, 동아리 등에 자연스럽게 모인 아이들을 인위적으로 나누지 말고 가능한 있는 그대로 생활하도록 놔두라는 뜻이다. 빠른 아이와 느린 아이를 나누지 말고 함께 공부하도록 해야 한다. 자연은 섞어야 아름답고 건강하다고 가르친다. 순수 혈통은 허약하고 위험하다. 백의민족이라는 신화는 말 그대로 신화일 뿐이다. 나는 이것을 양보할 수 없는 교육의 제1원리라고 생각한다.

국가가 추진하는 교육 정책의 첫 번째 원리도 평등주의여야 한다. 한부모 가정과 이주민 노동자 가정이나 농어촌 가정에 교육 예산을 더 많이 배정하는 것이 평등이다. 교사가 좀 느린 학생에게 더 많은 관심을 갖고 더 많은 시간을 배려하는 것이 공정하다. 여기서 헷갈리면 안 된다. 이명박 정부는 평등주의를 포기하고 자율화 정책을 통해 자사고, 특목고, 국제고 등을 설립했다. 이 때문에 우리 사회에 잠시 자율성에 대한 혼란과 착각이 생겼다. 자율성의 이름으로 불평등을 조장하고 강화한 것이다. 0교시 수업, 우열반 가르기, 야간자율학습이 모두 자율성의 이름으로 시행되었지만, 실상 교육감과 교장의 자율성이었을 뿐이다. 어쩌면 그들도 쫓기듯 그렇게 했을 것이다.

그동안 우리 사회는 너무 쉽게 다양성을 말했고 너무 쉽게 다양성을 외면했다. 나는 감히 호모사피엔스가 도달한 최고의 정신적 능력으로 '나와 다른 타인에 대한 존중과 이해'를 꼽고 싶다. 이것은 미래 사회에서 점점 더 생존에 필요한 능력이 될 것이다. 타인의 다름을 받아들여서 더 큰 같음에 이르는 경험을 해보지 못한 사람은 아직 인생의 정수를 맛보지 못한 사람이다. 아이에게 인생의 정수를 맛보게 하자.

아이들은 왜 이렇게 다 다른가? 생물학적으로나 사회적으로나 아이들이 똑같은 일은 결코 일어날 수 없지만, 만약 아이들이 다 같다면 지극히 위험한 일이다. 아마 문명의 성취는커녕 생존조차 못했을 것이다. 저마다의 태생적, 환경적 차이를 인정해야 한다. 이를 인정하지 않으면 그 사회는 항상적인 불안 상태에 빠지고 때때로 위태로워지기까지 한다. 이것이 우리 사회의 안녕과 생존을 위해서 다름을 받아들여야 하는 현실적인 이유다.

한국 사회는 다른 사람과 달라 보이는 것 자체를 불안하게 여긴다. 사회 전체가 학력, 외모, 소유, 직업, 취미, 욕망 등에서 다른 사람과 같아야 한다는 무언의 압력에 짓

눌려 있다. 이로 인한 낯가림은 청소년기에 더 심한데, '남들이 다 하니까'라는 식으로 어른들이 이를 부추기기도 한다.

2013년 미국 CNN 방송은 '한국이 세계 어느 나라보다 더 많이 하는 열 가지'를 선정해서 발표했다. 그중 무선 인터넷과 스마트폰 보급률, 1인당 신용카드 거래 횟수, 노동시간, 소주 판매량 등은 이미 익숙하다. 그런데 화장품 판매량과 성형수술 시술 횟수도 세계 최고라는 데에는 실소를 금할 수 없었다. 성형수술을 많이 하는 줄은 알았지만 그 정도인 줄은 몰랐다. 다양성은 자기 모습을 있는 그대로 간직할 때 살아난다. 나다움의 아름다움을 아는 사람으로 자라도록 도와야 한다.

'진화는 진보가 아니라 다양성의 증가'라고 말한 고생물학자 스티븐 J. 굴드(1941~2002)의 말을 다시 생각한다. 십여 년 전 이 말을 처음 접했을 때는 진보란 말에 꽂혀서 '다양성의 증가'란 표현이 성에 차지 않았다. 요즘 이 말을 다시 곱씹어 보면 '과연 그렇구나!' 하고 무릎을 치게 된다. 어느 곳을 가더라도 사람의 성격과 능력, 취향이 천차만별인 이유는 진화의 목표가 다양성의 증가이기 때문일

지도 모른다.

내향적인 사람과 외향적인 사람, 보수적인 사람과 진보적인 사람, 빠른 사람과 느린 사람이 있다고 할 때, 어떤 경우에는 전자가 잘하거나 유리하고, 어떤 경우에는 후자가 잘하거나 유리하다. 다양한 사람이 있으면 개인적 생존만이 아니라 조직 전체에 도움이 되곤 한다. 이런 단체나 사회가 건강하고 변화에 유리하다. 생명 진화의 역사를 보면 유전적 다양성을 확보하지 못한 종은 멸종을 면치 못했다. 인간 세상에서도 다양성이 거세된 집단의 경우 단명을 피하지 못했다. 생존을 위해서 다양성을 선택한 자연의 전략은 탁월했다. 사회도 마땅히 자연을 본받아야 한다.

나치 역사를 앞장서서 청산한 독일의 메르켈 총리는 해마다 열리는 희생자 추모식에서 "독재자가 독일 사회의 다양성을 모두 쓸어버리는 데는 6개월밖에 걸리지 않았다"고 상기시켰다. 다양한 유형의 사람들을 인정하고, 나와 다른 생각을 포용하는 사회가 건강하다. 그래야 급작스런 외부 충격에 잘 대응할 수 있고 복원력도 강하다. 각종 돌연변이마저 껴안는 자연의 마음을 배워야 한다. 시민단체나 학교 안에서도 이견을 포용해야 한다.

같은 점, 비슷한 점보다는 조금이라도 다른 점을 먼저 보는 습관을 고쳐야 한다. 특히 교사는 남을 쉽게 재단하기 쉬운 위치에 있다. 겉으로는 '아이들의 다름을 인정하겠다'고 하면서도 나도 모르게 어떤 기준에 맞춰서 아이들을 재단하곤 한다. 나는 그러지 않기 위해 매 순간 내 안의 또 다른 나와 거의 투쟁하다시피 했다. 그러다 생각의 끈을 놓치면 한순간에 무너지기도 했다.

잠깐 주위를 둘러보자. 나와 똑같이 생긴 얼굴이 있는가? 없다. 그런데 왜 다른 사람이 나와 같은 생각이기를 바라는가? 타인의 다름을 받아들여서 더 큰 같음을 느껴보지 못한, 타인을 이해하는 데 서투른 사람의 뇌는 외롭고 말라 있다. 다 다른 사람들이 인류의 귀중한 자산이다.

공포 속의 안정은 안정이 아니다

기가 센 아이와 약한 아이, 말썽꾸러기와 범생이는 어디에나 있으며 앞으로도 그럴 것이다. 이들을 모두 포용해야 건강한 사회다. 반대로 암울하고 재미없는 사회란 다른 정신을 지닌 인간들이 사라지거나 숨죽이고 살아야 하는 사회, 반듯하고 잘난 사람들만 행세하며 모여 사는 사회다. 그런 사회에서는 건강한 비판조차도 비정상으로 낙인찍히기 십상이다.

정상의 반대는 비정상이 아니라 독특함이 아닐까. 정말 무서운 건 미치도록 정상적인 사람들이 아닐까. 현대 정신의학에서는 정상과 비정상을 가르는 절대적 기준은 없다고 말한다. 현재의 법과 질서에 이의를 제기하거나 좀 다른 의견을 개진할 수 없다면, 미래에 대한 사유 자체가 불가능해질지도 모른다. 이런 미래가 지금 우리 사회와 교육이 지향하는 모습인가?

몇백 년 전만 해도 지구가 태양 주위를 돌고 있다는 주장을 하면 비정상 취급을 당했으며, 한때는 노예제를 폐지하자는 주장이 불순하게 여겨지기도 했다. 일제강점기에 민족의 독립을 주장하던 사람들은 사회부적응자나 불량한 사람으로 매도되어 감옥에 가야 했다. 얼마 전까지만 해도 교복 자율화, 장애인 인권, 무상급식, 경제 민주화를 주장하면 너무 급진적인 사람 취급을 받기도 했다.

그런 미래에 대한 뛰어난 상상력을 보여주는 〈이퀼리브리엄〉이라는 영화가 있다. 이퀼리브리엄Equilibrium은 '공포 속의 안정'이라는 뜻인데, 인간의 감정이 강제로 제거된 후 찾아온 기묘한 안정과 평화를 나타내는 말인 듯하다. 그러나 '감정'을 느끼며 살고 싶은, 아직 살아남은 '인간'들의 반란은 많은 희생을 치르면서도 결코 멈추지 않고 마침내 승리한다.

우리는 종종 파쇼적 질서와 민주적 무질서 사이에서, 또 공포스러운 정상과 평화로운 비정상 사이에서 선택을 해야 한다. 희로애락의 모든 감정이 사라진 그런 안정과 평화보다는, 다양한 감정을 느끼고 표현하는 불안정과 무질서가 더 아름답다. 사람이라면 누구나 베토벤의 음악과 레오나르도 다빈치의 그림을 감상하고, 목숨을 걸고서라도 사랑과 우정을 느끼고 표현하면서 살고 싶지 않을까?

모든 아이는 세상에 단 한 명이다

교육 현장에서 가끔 다름에 대한 생각과 실천에 혼란을 느끼는 경우가 있다. 나부터도 꼰대처럼 좀 다른 아이를 못 봐주거나 대뜸 고쳐 줘야 할 대상으로 단정 짓곤 한다. 폭력적인 아이라면 모를까, 소위 '정상적'인 아이에 대한 기준의 폭이 좁다는 걸 느낀다. "소인은 다른 점을 먼저 보고 대인은 같은 점을 먼저 본다." 공자의 말이다.

30년 넘게 교육 현장에 있으면서도 아직도 내공이 부족함을 절감한다. 부끄럽게도 아이를 침대에 맞춰서 늘이거나 줄이고 싶어지기도 한다. 그 침대는 내 몸에 맞는 침대일 뿐인데. 울퉁불퉁한 잔디를 보면 평편하게 깎고 싶은 충동이 일듯이, 아이를 일률적으로 깎으려고 하는 건 아닌지 조심하고 또 조심한다. 모든 아이는 세상에 단 한 명인 것이다.

대안교육은 성적과 등수만을 중요하게 여기는 제도교육을 거부하면서 새로운 모델을 만들고 있다. 교육에서 성적이나 경쟁과는 다른 능력, 다양한 형태를 추구하는 것이 가능하다는 사실만 이해하고 받아들인다면 더 이상 덧붙일 말이 없다. 어린 시절의 부족함이 오히려 장점이 될 수도 있다. 어떤 아이가 지닌 부족하고 불리한 점이 학교 분위기에 따라 오히려 장점으로 꽃필 수도 있다. 아이의 특성 혹은 다른 점이 단점으로 드러날지 장점으로 드러날지는 가정의 분위기, 학교의 문화에 달려 있다.

여기 자폐인으로서 자신의 정체성과 인간의 영혼에 대

해 위대한 통찰을 남긴 과학자 템플 그랜딘의 증언이 있다.

내가 성장하는 데 아주 큰 도움을 준 사람들은 하나같이 창의적이고 틀에 얽매이지 않는 자유로운 사람들이었다. 정신분석학자나 심리학자들은 거의 도움이 되지 않았다. 그 사람들은 나의 정신을 분석해서 내면의 어두운 심리적 문제를 발견하는 데만 매달렸다. 학교의 다른 선생님들이나 전문가들은 내가 이상한 것에 관심을 갖지 못하게 하고 나를 정상으로 만들려고 노력했지만, 고등학교 과학 선생님인 칼록 선생님은 내 관심 분야를 이용해서 내가 학교 공부를 열심히 할 수 있도록 도와주었다. _『나는 그림으로 생각한다』중에서

〈템플 그랜딘〉이라는 영화도 있는데, 다음은 영화 마지막에 나오는 감동적인 연설이다.

엄마는 제가 말을 못할 거라는 진단을 믿지 않으셨어요. 그리고 제가 말을 하게 되자 학교에 입학시켰어요. 제가 뭔가에 참여할 수 있도록 많은 분들이 최선을 다했어요. 그분들은 아셨습니다. 제

가 다를 뿐이라는 것을. 모자란 게 아니라 다르다는 것을not less, just different. 게다가 저는 세상을 다르게 보는 능력이 있었습니다. 다른 사람들이 보지 못하는 것까지도 자세히 볼 수 있는 능력입니다. 엄마는 나를 혼자 살아갈 수 있도록 가르치셨어요. 모든 것이 낯설었지만 그것들이 새로운 세상으로 나갈 수 있는 문이 되었어요. 문이 열렸고, 제가 걸어 나왔습니다. 저는 템플 그랜딘입니다.

모든 아이가 자신의 앞에 놓인 문을 열 수 있도록, 그 문을 통과해서 낯선 곳으로 나가도록 응원하는 것이 교육이다. 단 한 명의 아이도 놓쳐서는 안 된다.

부모가 보는 아이, 교사가 보는 아이

아이는 하나의 모습으로 나타나지도 않고, 그 모습이 고정되어 있지도 않다. 때에 따라 또 장면마다 다른 모습으로 나타나는 이 당연한 현상을 어른들은 잘 받아들이지 못한다. 수십 년의 교직 생활 동안 아이들과 함께 생활하면서 확인한 바로는, 아이는 집에 있을 때와 학교에 있을 때 그리고 혼자일 때와 여럿일 때 각각 다른 모습으로 나타난다. 그러니 어느 일면만 보고 그 아이를 다 이해했다고 말할 수는 없다. '장면마다 아이의 모습은 당연히 다르다'는 인식이 없으면 부모와 교사 간에 오해가 쌓이고 신뢰할 수 없게 된다. 이것은 특히 초등학교와 중학교 입학 초기, 학교와 가정 사이에서 해마다 반복되는 갈등과 불만의 주요 요인이다.

부모는 주로 집에서 혼자 있는 아이를 보고, 교사는 학교에서 여럿이 어울리는 아이를 본다. 학교에선 활발하던 아이가 가정 방문 때 부모 앞에서 다소곳이 앉아 있는 모습을 보고 속으로 놀란 적이 있다. 반대로 어쩌다 학교에 들른 부모가 아이 모습을 보고 혼란스러워하기도 한다. 정기적인 면담 등을 통해 가정과 학교에서 다르게 나타나는 아이의 모습을 지속적으로 나눠야 하는 이유가 여기 있다. 이야기를 하다 보면 서로가 각각 다른 아이를 두고 말하고 있는 것처럼 낯설 때가 있다. 이 낯섦이 불편하겠지만 인내심을 갖고 경청하면서 대화해야 한다.

아이는 거짓말하지 않는다는 오래된 신화에 속아서 가끔 잘못된 판단을 하곤 한다. 사실 아이는 자기도 모르게 종종 거짓말을 한다. 아이는 중요한 것과 지엽적인 것을 잘 구분하지 못하고, 무엇보다 시야가 좁다. 현상을 객관적으로 분석하지 못한 채 말하기 때문에, 결과적으로 거짓말을 하게 된다. 그래서 어른은 아이가 일차로 가공한 정보만 믿고 각자 입장에서 재해석하다가 이따금 엉뚱한 판단에 이르기도 한다. 게다가 인간은 오해에 약하다. 사정이 이렇다 보니 부모와 교사가 서로 의심하고 못미더워하기 십상이다. 교사가 학교에서 파악한 아이의 행동과 아이가 집에서 부모에게 하는 말이 다를 수 있다는 사실을 교사와 부모 모두 염두에 두어야 한다. 이 정도의 인식만으로도 사정이 악화되는 것을 막을 수 있다.

갑옷 대신 척추로

2011년 여름 노르웨이의 한 섬에서 참극이 벌어졌다. 노르웨이를 울린 테러범은 하필 한국을 모델로 삼았다고 한다. 그는 한국의 순수 혈통주의, 그리고 이주 노동자에 대한 인종차별과 전제주의적인 정치체제를 동경해 왔다고 한다. 그러나 희생자들을 위한 장례식장에서 '더 큰 민주주의와 관용'을 외친 노르웨이 총리의 추모 연설은 감동과 위로를 안겨 주기에 충분했다. 무장한 갑옷을 뛰어넘어 관용의 척추가 승리한 것이다.

때는 약 4억 년 전 바닷속, 최초로 눈이 생긴 놈들이 닥치는 대로 물어뜯고 잡아먹는 통에 나머지 물고기들은 몸을 보호하기 위해서 딱딱한 갑옷을 걸치거나 이빨을 키우는 등 무장의 길로 들어서고 있었다. 이런 군비 경쟁 속에서도 일단의 무리는 살벌한 투쟁을 피해서 다른 삶의 방식을 선택했다. 우리는 바닷속에서 먹고 먹히는 피비린내 나는 골육상잔의 투쟁을 피해 육지로 올라온, 평화를 사랑하는 척추동물의 후예다. 평화의 유전자를 물려받은 우리는 서로 의심하고 공격하는 갑옷을 벗어 던지고, 교육과 문화라는 척추로 사회의 다양성과 관용을 향해 나아가야 한다.

경쟁을 사회 발전의 원리로 삼는 사회의 미래는 암담하다. 왜냐하면 올라갈수록 좁아져서 서로를 짓밟아야만 하는 사다리의 꼭대기에는 아무것도 없기 때문이다. 있다면 낭떠러지와 추락뿐이다. 나 외에는 아무도 없는 곳, 위로받고 위로할 타인이 존재하지 않는 곳에서는 사람이 살 수 없다는 사실을 배우고 가르치자.

경쟁만이 발전을 보장한다는 생각은 어떻게 우리 머릿속에 들어오게 되었을까? 경쟁을 통해 자기 분야밖에 모르는 외골수 전문가를 만들어 낼 수 있을지는 모르지만, 다양한 교양을 쌓고 사려가 깊으며 멀리 생각하고 책임감 있게 행동하는 사람을 배출하기란 어려운 일이다. 만약 우리 몸에서 손과 발이, 위장과 신장이 혹은 뇌와 심장이 경쟁을 벌이며 누가 중요한지 다툰다면 우리는 과연 하나의 온전한 유기체로 살 수 있을까?

독일 사람들은 '절대로'라는 말을 잘 사용하지 않는다고 한다. 그런 사람들이 교육에서 '절대로 하면 안 되는 것'이라고 말하는 게 있다. 무엇일까? 그건 바로 선행학습이다. 그 이유는 친구 입장에서 보면 질문할 기회를 빼앗기는 것이고, 교사 입장에서 보면 수업권을 침해받는 '엄청난 짓'이기 때문이다. 그 이유가 단순하고 인간적이다. 전쟁의 참화를 겪은 후 역사의 반성에서 다시 출발한 그 나라는 '함께 사는 법을 가르치는 것이 결국 경쟁력 있는 교육'임을 깨닫고 실천하는 나라가 되었다.

3장 빛과 같은 아이들

뉴턴식 세계관과 교육관을 넘어서기

철학자와 물리학자는 사물과 현상의 원인에 관심을 가지고 '왜 이 세상은 지금 이런 모습으로 존재하는가, 왜 사물은 저렇게 운동하는가?'라는 동일한 질문을 던져 왔다. 한편 교사와 부모는 '왜 이 아이는 이런 모습으로 성장하는가, 왜 이렇게 행동하는가?'라는 문제로 고민해 왔다. 견우성과 직녀성이 멀리 떨어져 있지만 하나의 은하 안에 있는 것처럼, 나에게 이 두 가지 질문은 서로 다른 문제로 보이지 않는다.

　뉴턴이 완성한 고전물리학은 과학을 넘어 사상과 정치, 경제, 교육 등 세계관에 지대한 영향을 미쳤다. 20세기 이후 등장한 새로운 물리학인 양자역학 또한 사회와 예술, 교육 등에 많은 영향을 미치고 있다. 이 글에서는 뉴턴역학과 양자역학이 교육에 미친 영향을 생각해 보고, 자연과학의 지식과 통찰을 토대로 아이와 교육에 대한 과학적 이해에 도달해 보고자 한다.

　뉴턴이 하늘과 땅 사이의 모든 운동을 하나의 원리로 설명한 이래, 어떤 자연 현상이든 역학 법칙으로 설명할 수 있는 것처럼 보였다. 이른바 결정론적 세계관이 지배하는 시대가 도래한 것이다. 뉴턴의 법칙에 따르면, 우주는 시간이 흐르면서 미리 정해진 길을 따라 진화해 간다. 우주는 정확한 규칙에 따라 움직이는 거대하고 정교한 하나의 시계와 같다. 물체가 어떤 순간에 갖는 위치, 속도 등을 알면 그 물체의 미래를 예측할 수 있다.

　이 세계관은 우주에 대한 이해뿐만 아니라 사회 전반에 지대한 영향을 끼쳤다. 뉴턴식 사고방식을 따르는 교육관이 지난 3백 년 동안 학교와 교육을 지배해 왔다. 학교에서 아이들은 위계질서와 확실성, 인과관계, 정답 고르기

등 기계적 세계관의 방식을 통해 배우고 자랐다. 지금의 교육 현장을 살펴보면 바로 고개가 끄덕여질 것이다. 만약 어떤 교육이 연관성보다 개별성을 찾고, 과학과 예술이 별개라고 생각하고, 수업에 학생의 참여를 배제하며, 둘 중 하나 식의 질문과 학습 방식을 택하고 있다면 여전히 뉴턴식 사고에 기초하고 있는 것이다.

모든 것을 예측할 수 있다는 고전물리학은 변화무쌍하고 역동적인 이 세상을 설명하는 데 적지 않은 한계를 드러낸다. 근대적 교육관은 아이의 학업 성취를 정확하게 측정할 수 있고, 사회 현실과 유리된 진공 속에서 아이를 원하는 모습으로 주조할 수 있다고 믿는다. 고전물리학의 특징인 인과율의 교육적 반영이다. 전국 일제고사를 통해 수천, 수만 명의 아이들을 일등부터 꼴찌까지 한 줄로 세우겠다는 발상도 여기서 나왔다.

그러나 아이는 가만히 앉아서 이런 이상한 법칙이나 정밀한 측정 방식에 지배당하지만은 않는다. 아이의 행동에는 정해진 하나의 원인이 없다. 아이의 미래는 어느 하나 결정되지 않았다(혹은 정확히 예측할 수 없다). '이미 주어진' 혹은 '벗어날 수 없는' 운명에 따르지 않는다. 바로 그렇기

에 아이는 무한한 변화와 성장의 가능성, 그리고 자기 책
임성을 갖게 된다.

이 세상은 미리 결정되어 있지 않다

20세기 초부터 뉴턴역학으로 설명할 수 없는 소립자의
운동 방식이 난제로 떠오르기 시작했다. 이 문제를 해결하
기 위해 내로라하는 천재 물리학자들이 양자역학을 구축
했고 이로써 뉴턴역학은 무너졌다. 양자역학의 출현으로
고전물리학을 떠받치던 인과율의 한계가 명백해졌다. 이
세상은 미리 결정되어 있지 않다. 그렇지만 양자역학은 상
식에 위배되는 것처럼 보여서 과학자들도 선뜻 받아들이
기 힘들어했다.

20세기에 들어서자 그동안 무형의 실체로 알아 왔던 에
너지나 빛, 그리고 운동과 같은 물리량에서도 분자나 원
자처럼 낱낱의 조각으로서의 단위가 확인되기 시작했다.
셀 수 있는 이 최소 단위를 양자量子라고 부른다. 그 이름
에서부터 낱알이나 알갱이 내지 '띄엄띄엄'이라는 이미지
가 떠오른다. 그동안 물질은 모두 연속체라고 생각했는데,

이제 물질은 물론 빛이나 에너지도 '불연속성'으로 파악할 수밖에 없다. 불연속성이야말로 자연의 기본적인 원리다. 자연은 뭔가 불연속적인 것, 즉 양자적인 것을 지니고 있다. 원자와 빛 모두 양자적인 성질을 지닌다. 양자적 특성만이 지금과 같이 안정된 세계를 설명할 수 있다. 자연의 양자적 성격은 원자가 갑자기 붕괴되어 무無로 해체되는 것을 막아 준다. 덕분에 당신은 지금 이 책을 볼 수 있는 것이다.

흥미롭게도 양자물리학은 관찰자가 매 순간 관찰 대상을 바꿔 놓는다고 주장한다. 교사가 인자한지 엄한지에 따라서 아이의 태도가 바뀌고, 담임이 학급 운영을 민주적으로 하느냐 강압적으로 하느냐에 따라서 반의 색깔이 달라지는 것과 비슷하다. 고전물리학에서는 부분의 움직임에 따라 전체의 움직임이 결정된다고 믿었지만, 양자물리학에서는 전체가 부분의 움직임을 결정한다고 본다. 자연의 모든 것이 나에게 영향을 끼친다. 관찰이 전자電子의 상태를 바꿔 놓는다면, 안에 있는 세상(전자)과 밖에 있는 세상(나, 즉 관찰자)이라는 분리된 개념은 낡은 것이다. 이 현상을 이해하기 위해서는 '관찰자'라는 단어 대신 '참여자'라는 단어가 더 적절하다. 양자물리학의 발달은 우주에서 인간이 차지하는 위치에 대한 새로운 시각을 제공해 주었다.

나는 누구인가? A라는 사람은 나를 편하게 대하고 B라는 사람은 나를 불편하게 여긴다. 나 역시 A를 만나면 편하고 B를 만나면 불편하다. 심지어 나는 A를 만나면 위선적으로 대하고, B를 만나면 위악적으로 행동하기도 한다. 이건 진실이고 누구 잘못도 아니다. A와 B의 관점에서 본다면 나는 같은 사람이 아닐 것이다. 그러나 나는 여전히 나이며, 둘 다 나다.

다 알려고 하지 마라

하이젠베르크(1901~1976)가 발표한 양자역학의 주요 이론 중 하나인 불확정성 원리를 간단히 설명하면 다음과 같다. '어떤 입자의 위치와 운동량을 동시에 정밀하게 측정하거나 예언하는 것은 불가능하다.' 즉 위치를 측정하려고 하면 운동량을 측정할 수 없고, 반대로 운동량을 측정하려고 하면 위치를 측정할 수 없다는 뜻이다. 이 원리는 입자 자체가 가지고 있는 물리적인 성질에서 기인하며, 측정 기술의 한계 때문은 아니다.

불확정성 원리를 설명하기 위해 흔히 사용하는 비유가 있다. 넓은 방 안에 풍선이 하나 둥둥 떠다닌다고 하자. 방 안은 어둡고 나는 안대를 차고 있어서 앞을 전혀 볼 수 없다. 풍선을 확인할 길은 손에 든 막대기를 휘저어서 풍선을 치는 방법뿐이다. 알다시피 풍선은 매우 가볍기 때문에 내가 아무리 살살 막대기를 휘젓는다고 해도, 풍선을 건드려서 위치를 확인하는 순간 풍선은 다른 곳으로 날아가 버린다. 따라서 나는 풍선의 정확한 위치를 알 수 없으며, 단지 어디쯤 존재하리라고 추측할 수 있을 뿐이다. 이 예시는 불확정성 원리를 쉽게 설명하기 위한 것일 뿐이니, 불확정성 원리의 바탕이 '부정확한 관측'에 있다고 오해해서는 안 된다.

불확정성 원리는 말 그대로 확실하지 않다uncertainty는 원리인데, 확실한 것을 다루는 과학에서 어떻게 이런 원리가 나왔는지 모르겠다. 자연이 '다 알려고 하지 마'라며 소리치는 듯하다. 이런 양자역학의 개념을 받아들일 수 없었던 아인슈타인은 "신은 주사위 놀이를 하지 않는다"라고 말하기도 했다.

하이젠베르크에 따르면 원자 주위를 도는 전자의 궤도는 우리가 그것을 관찰하는 순간 비로소 생겨난다. 그가 찾아낸 것은 단순한 불확실성이 아니었다. 인간이 정확하게 알 수 있는 게 아무것도 없다는 엄청난 발견이었다. 이는 과학은 물론 지식의 근본 개념에 심대한 영향을 미쳤다. 우주가 과거의 사건들에 의해 결정된다는 기계론적 우주관을 무너뜨렸다. 작은 입자, 즉 전자의 위치와 운동, 그리고 전자에 미치는 힘까지 안다고 해도 어떤 일이 일어날지 확실하게 알 수 없다. 오직 확률로만 예측할 수 있을 뿐이다.

일상에서 다음 순간 무슨 일이 벌어질지 얼마나 불확정적인지 생각해 보자. 큰 일정이 어느 정도 계획되어 있더라도 세세하게 어떤 일이 일어날지 알 수 없다. 열 명의 사람이 식당에 가면 누가 어떤 메뉴를 고를지 미리 알지 못한다. 대부분 종업원이 와서 무엇을 먹을지 묻는 순간 비로소 메뉴를 알게 된다. 즉 누군가 그것을 물어볼 때 그는 자기가 먹을 음식을 확정한다.

많은 사람들이 하이젠베르크의 원리에서 가장 어렵게 느끼는 것이 바로 주관성 개념이다. 객관성을 추구하는 과학의 속성상 주관적 견해는 과학으로 받아들이기 어렵다. 그러나 그건 하이젠베르크가 불확정성을 발견하기 전까지의 경향이다. 이제 주관도 발언권을 얻게 되었다.

이 불확정성이 갖는 특징은 언제든지 적극적인 상태로 전환이 가능하다는 것이다. 평온한 상태가 유지되는 한 모든 선택의 가능성은 열려 있다. 원자는 언제든지 자연이 부과한 모든 속성 중 어느 한 속성을 띨 수 있다. 원자는 자신이 지닌 모든 가능성의 총합이다. 이 인식은 우리들 역시 자기 자신이 지닌 모든 가능성의 총합이라는 매우 근본적인 통찰로 이어지게 된다. _에른스트 페터 피셔, 『슈뢰딩거의 고양이』 중에서

'이것이냐 저것이냐'에서 '이것도 저것도'로 사고가 바뀌어야 한다. 모범생과 일탈하는 아이 사이의 모든 가능성을 열어 두고 아이를 이해해야 한다. 이건 교사에게 무척 신나는 일이며, 교육에서 일어나는 빅뱅과도 같다.

하이젠베르크는 이 획기적인 인식에 도달할 즈음 일종의 '신비한 체험'을 했다고 고백한다. 어느 날 저녁부터 작업에 몰입한 그는 종이 위에 공식들이 하나둘 모습을 드

러내기 시작하자 흥분을 감출 수 없었다. 밤이 깊었지만 정신은 더욱 맑아졌고, 안개가 점차 걷히는 듯하더니 어느 순간 안개가 완전히 사라졌다. 공식을 바라보던 하이젠베르크는 문득 진리와 대면하는 느낌을 받았다. 눈앞에 펼쳐진 수학 기호와 숫자 속에서 오랫동안 찾아온 원자의 모습이 또렷이 떠올랐다.

이것도 저것도

파도타기를 하거나 고무줄놀이를 할 때 파도나 고무줄을 파동이 아닌 입자로 여기거나, 주사위나 공기놀이를 할 때 주사위나 공깃돌을 입자가 아닌 파동으로 여기기는 어렵다. 파동과 입자 모두 뚜렷한 특징이 있기 때문에 인간은 두 개념을 다르게 받아들인다. 즉 입자와 파동의 특징을 동시에 지닌 뭔가를 상상하기 쉽지 않다. 그래서 흑이면 흑 백이면 백, 선이면 선 악이면 악이라는 확실한 구분이 편하고 이것들이 뒤섞이면 불편한 느낌을 받는다.

그러나 자연은 파동이냐 입자냐를 고민하지 않는다. 빛은 그냥 빛일 뿐이다. 빛은 파동이면서 동시에 입자로서 이중성을 지닌다. 이 이중성은 언어의 한계를 드러내기도 한다. 예를 들어 인간은 선하기도 하고 악하기도 하다. 어떤 사람은 선하기만 하고 어떤 사람은 악하기만 하다고 생각하는 것보다, 모든 인간은 선하기도 하고 악하기도 하다고 생각하는 것이 더 정확하다.

'양자적 사고방식'은 이런 이중성을 사회와 교육에 적용한 것이다. 뉴턴역학의 관점을 넘어서 양자물리학이라는 새로운 관점으로 세상을 바라본다. 양자역학이 태어난 지 백 년이 지났지만 불확정성이라든가 '양쪽 모두'의 사고방식, 모든 것은 서로 얽혀 있다는 연관성 같은 개념은 여전히 낯설다.

고전물리학적 사고가 '이것이냐 저것이냐'라면 양자역학적 사고는 '이것도 저것도'라고 보면 된다. '둘 중 하나'에서 '양쪽 모두'로의 전환이다. 이제 우리 사고가 통합적이고 유연하게 확장될 수 있는 과학적 기반이 마련되었다. 교사는 가르치고 아이는 배우는 일방통행에서, 교사와 아이가 함께 배우고 가르치는 양방향 상호작용으로 전환이 일어나고 있다. 물론 경우에 따라서는 '둘 중 하나'만 취해야 할 때도 있다. 그렇지만 많은 경우 어느 하나를 배제하기보다 '양쪽 모두'를 포함하면 더욱 성장할 수 있다.

양자적 사고는 각각의 개별적인 부분을 전체의 일부로 보며 맥락을 중요하게 여긴다. 전적으로 객관적인 행동은 없다. 아이가 교사를 어떻게 생각하는지, 그리고 교사가 아이를 어떻게 인식하는지가 학습에 영향을 미친다는 것은 분명한 사실이다. 교사의 주관적인 감정이나 느낌이 완전히 배제된, 순수하게 객관적인 접근은 불가능할 뿐만 아니라 필요하지도 않다. 대안교육 제1명제인 '만남이 교육에 우선한다'는 말이 바로 이런 의미다. 교육에서 무엇을 가르치는가도 중요하지만 '누가' 가르치는가가 더 중요하다. 똑같은 내용을 가르치더라도 어떤 교사가 가르치는가에 따라서 아이가 받아들이는 정도가 달라진다.

광자光子, 곧 빛 알갱이는 누군가가 자신을 지켜본다는 걸 알면 입자처럼 행동하고, 아무도 관찰하지 않을 때는 파동처럼 행동한다. 관찰되지 않을 때는 다른 상태로 존재한다. 광자뿐 아니라 전자도 그렇다. 두 가지 가능성의 애매한 혼재 상태, 즉 '얽힘 상태'가 양자 세계다. 사람도 빛이나 원자와 다르지 않다. 어른이고 아이고 누군가가 자신을 지켜볼 때와 그렇지 않을 때 서로 다르게 행동하지 않는가? 화장실을 이용할 때 누군가 보고 있으면 더 많은 사람들이 손을 씻는다. 교사는 누군가가 수업을 참관할 때 좀 더 잘하기도 하고 평소에 안 하던 실수를 하기도 한다. 또 부모가 학교에 오면 아이를 좀 더 친절하게 대한다. '이 것 아니면 저것'보다는 두 가지 가능성의 애매한 혼재 상태, 즉 '흑백 얽힘, 선악 얽힘'이 오히려 현실에 가깝다.

사물의 이치라는 뜻의 물리物理는 비단 양자역학이 아니더라도 인간 세상에 대한 격조 있는 영감을 제공하며, 그것을 바탕으로 새로운 사고를 개발하도록 돕는다.

빛과 같은 아이들

빛을 포함한 모든 물질이 입자성과 파동성을 동시에 갖고 있는 것처럼, 아이는 착한 모습과 그렇지 않은 모습을 동시에 갖고 있다. 입자와 파동 사이에 우열이 없듯이, 아이의 착한 모습과 그렇지 않은 모습 사이에도 우열은 없다. 그저 아이가 성장 과정 중에 보이는 이런저런 모습일 뿐이다. 아이는 빛처럼 열을 발산하고 진동하며 다양한 모습으로 성장한다.

사물의 어느 한쪽만 보려는 욕망은 어른의 편협함에서 비롯된 편견일 뿐, 자연은 그 두 가지의 결합 또는 상보相補로 존재한다. 아이는 단지 양면적일 뿐만 아니라 그 이상으로 다양한 존재다. 아이는 월, 수, 금은 착하게 행동하고 화, 목, 토는 말썽을 피우고 일요일은 쉰다. 이중 하루라도 없으면 일주일이 성립하지 않는다.

하이젠베르크의 불확정성 원리를 일반적인 언어로 표현한 '상보성'이란, 이것이 없으면 저것이 온전해지지 않는, 즉 단순히 덧붙이는 게 아니라 완전해지기 위해 꼭 필요한 보충이라는 뜻이다. 나는 학교에서 아이들의 자연스런 상보성을 자주 목격하곤 한다. 서로 달라도 한참 달라서 한쪽이 다른 쪽에게 일방적으로 피해를 입는 듯 보여도 일정한 시간이 흐르면 둘의 사이가 변한다. 서로를 필요로 하고 서로로 인해 성장한다. 이는 교육활동에서 특별한 아름다움으로 기억된다. 순수한 흰색을 얻기 위해서 일곱 가지 무지개 색깔이 모두 필요하듯, 아이의 온전한 성장과 발달을 위해 상보적 대상이 꼭 필요하다.

따라서 아이를 이러저러한 부류로 나누어 단정하는 것은 위험하다. 어떻게 모든 아이를 단지 세 가지, 네 가지 혹은 여덟 가지 유형으로 분류할 수 있단 말인가? 한때 유행했던 이런 식의 각종 조사는 어디까지나 참고 사항일 뿐이니, 오래 기억하지 않는 편이 좋다. 어른은 아이를 만나면 우선 분류부터 하고 싶은 충동에서 벗어나야 한다. 아이에게 다양한 가능성을 열어 주는 것이 교육의 본령이다. 있는 그대로 보고 받아들여야 한다. 나누고, 비교하고, 분류하지 말아야 한다. 감히 이 아이는 이런 아이고, 저 아이는 저런 아이라고 단정할 수 없다. 한 아이의 속성은 스스로 정하기 전까지 알 수 없다. 그러므로 '이 아이는 ~에 적합하다'거나 '~에 적합하지 않다'는 식의 예측도 삼가야 할 것이다.

  양자역학에서 가장 이해하기 힘든 부분은 같은 대상일지라도 관찰자에 따라 그 성질이 달라질 수 있다는 점이다. 그런데 교육에 적용해 보니 쉽게 이해가 된다. 어떤 교사를 만나느냐에 따라 아이는 딴판으로 바뀐다. 아이의 특성은 누가, 즉 어떤 교사가 돌보고 관찰하고 가르치느냐에 따라 달라진다. 아이는 교사에 따라 다르게 반응한다. 아이가 다가가는 교사가 있고, 멀리하는 교사가 있다. 어떤 교사는 늘 아이들에게 둘러싸여 있고, 어떤 교사는 아이들이 거리를 두고 있지만 그 사실을 잘 인식하지 못하기도 한다. 교육에서 주관적인 요소를 배제할 수 없는 이유다.

아이가 타인과 함께 자신의 두 발로 뚜벅뚜벅 걸어가기를 바라는 부모와 교육자는 이 사실을 받아들여야 한다. 양자역학이 세상에 나오기 오래전부터 아이를 믿고 사랑하는 교육자는 본능적으로 이를 알고 실천했다. 이제 양자역학의 출현으로 뉴턴식 교육관을 대체할 수 있는 과학적인 근거가 마련되었다. 공교육이 여전히 뉴턴식 세계관과 사고방식에 머물러 있다면, 대안교육은 양자역학적 교육관으로 아이를 만나고 가르치고 있다. 비록 양자역학을 몰랐더라도 아이를 있는 그대로 보고 사랑하려고 노력했기 때문에 '모든 가능성의 총합'으로서 아이를 대할 수 있었다. 과학적 통찰과 더불어 생명에 대한 존중이 필요한 이유다.

4장 유연한 뇌를 가진 아이들

머리에 구멍 뚫린 사나이

이제 인간, 특히 아이를 잘 알기 위해서 뇌를 이해할 차례다. 뇌를 알면 자신과 다른 사람을 좀 더 잘 이해할 수 있다. 물론 아직 밝혀지지 않은 부분이 많지만 그래도 이삼십 년 전에 비해 뇌과학이 비약적으로 발달했다. 뇌가 아이의 행동 전부를 결정하진 않지만 많은 부분이 뇌에서 비롯되는 것 또한 사실이다. 아이의 이상행동뿐만 아니라 정상적인 행동을 이해하기 위해서도 뇌에 대한 공부가 필요하다. 천재든 보통 아이든 모든 뇌는 진화의 경이로운 작품이기 때문이다. 21세기 들어 눈부시게 발전한 신경과학의 최신 성과물을 외면하지 말고 잘 활용했으면 좋겠다.

역사를 보면 종종 한 개인의 불행이 과학 기술이나 질병 치료에 결정적인 도움이 되기도 하는데, 뇌과학에서는 피니어스 게이지Phineas Gage가 그 경우에 해당한다. 불행히도 그는 폭파 작업을 하다가 길이 1미터, 지름 3센티미터의 쇠막대에 머리를 관통당했다. 왼쪽 뺨부터 뇌의 앞부분까지 관통당한 엄청난 사고임에도 그는 죽지 않았다. 기적처럼 목숨을 건진 게이지는 11년을 더 살았고, 한 세기 반이 지난 후 다마지오 박사 부부의 연구로 뇌과학계의 교과서 같은 존재가 된다.

게이지는 책임감이 강하고 예의 바른 사람이었으나 사고 직후 큰 변화가 일어났다. 일상에서 쉽게 화를 내며 실수를 연발하는, 요즘 말로 '개념 없는' 사람이 되어 버렸다. 죽지는 않았지만 뇌의 한 부분을 다침으로써 인간성을 상실한 것이다. 그는 더 이상 이전의 게이지가 아니었다.

다마지오 연구팀은 하버드 의학박물관에 보관된 게이지의 두개골과 쇠막대기를 분석해 3차원 영상으로 관통 경로를 정확하게 재현해 냈다. 손상된 부분은 전두엽 중에서도 왼쪽과 앞부분이었고 나머지 부위는 손상되지 않았다. 그 결과 게이지는 사회적 정서와 계획 수립 등의 능력을 잃었지만 주의집중과 계산 능력은 잃지 않았다. 눈동자가 들어가는 부분인 안와전전두엽은 특히 사회적 정서와 관련 있는데, 이곳이 손상되면 사회에서 용인되지 않는 행동을 한다. 또 감정이 아주 평면적으로 바뀌면서 감정 기복이 없고 냉혹해진다. 이때 결정적으로 판단력이 손상된다. 이성적 판단, 관계 맺기를 잘하려면 감정이 풍부해야 하는데 그렇지 못해 판단력을 상실하는 것이다. 다마지오는 이를 토대로 뇌(몸)가 있어야 생각도 있다는 결론을 내렸다.

몸과 마음은 분리할 수 없다

근대 철학의 시조로 불리는 데카르트는 뇌 부위 중에서 송과체(솔방울처럼 생겨서 붙여진 명칭)를 마음이 깃드는 곳으로 지목한 바 있다. 자신의 저서가 교회의 금서 목록에 오르자 신변의 위협을 느낀 데카르트는 때마침 자신을 초청한 스웨덴 여왕의 초대에 응한다. 그러나 스웨덴의 추운

날씨에 적응하지 못한 데카르트는 얼마 지나지 않아 죽고 만다. 비극은 여기서 끝나지 않았다. 장례를 치르는 과정에서 철학자를 흠모한 스웨덴 경비병이 데카르트의 머리를 잘랐고, 관 속에는 다른 사람의 머리를 넣었다. 한편 위대한 철학자의 시신을 고향인 프랑스에 묻어야 한다는 프랑스 국민의 요청에 따라 우여곡절 끝에 그의 머리가 조국으로 돌아왔지만 아직도 데카르트의 몸과 머리는 평온하게 합쳐져 있지 않다. 살아생전 데카르트는 몸과 마음이 분리되어 있다는 이원론을 주장했는데, 죽어서도 그 주장을 실천하고 있는 셈이다.

이와 달리 현대 뇌과학은 몸과 마음(혹은 의식)을 분리할 수 없다고 간주한다. 뇌과학자 안토니오 다마지오는 『데카르트의 오류』라는 책에서 우리의 신체와 뇌를 떠나서는 정신 현상이 일어날 수 없다고 단언하는 동시에 몸, 뇌, 마음을 통합적으로 이해해야 한다고 주장한다. 당연한 얘기지만 인간의 뇌와 나머지 신체는 분리할 수 없는 하나의 생명체를 이루고 있다. 마음이 존재하는 것은 그 내용을 채울 몸이 존재하기 때문이다.

그러면 데카르트의 오류는 무엇인가? 데카르트가 철학

의 첫 번째 원리로 주저 없이 받아들인, 철학사에서 가장 유명한 말 중 하나인 '나는 생각한다. 고로 존재한다'라는 명제를 살펴보자. 생각하는 것이 존재의 근거가 된다는 이 명제는 현대 뇌과학과 다마지오의 믿음과는 완전히 상반된다.

인본주의의 여명이 싹트기 오래전부터 인간의 몸은 존재했다. 진화의 어느 단계에서 아주 초보적인 의식이 싹을 틔었으며 그 의식이 간단한 마음을 만들었다. 간단한 마음은 점점 더 복잡한 마음으로 변해 갔고 그 변화는 언어를 사용하면서 가속화되었다. 진실은 '나는 생각한다. 고로 존재한다'가 아니라, '나는 존재한다. 고로 생각한다'이다. 그러나 데카르트는 "심지어 육체가 없다 해도 영혼은 존재하기를 그치지 않을 것"이라고 주장했다. 다마지오에 따르면 '마음의 정교한 작동이 유기적 생물체의 구조와 분리되어 있다는 생각'이 데카르트의 심각한 오류이다. 인간의 마음을 포괄적으로 이해하기 위해서는 생물학적 접근이 반드시 필요하다.

그러면 대안은 무엇인가? 다마지오는 『스피노자의 뇌』라는 책에서 데카르트의 한계를 극복할 철학자로 스피노자(1632~1677)를 지목한다. '마음과 몸은 동일한 실체의 비슷한 속성들'이라는 스피노자의 생각에 주목한 것이다. 이러한 생각은 그가 살던 시대의 지배적인 견해와 전혀 달랐고, 그의 책 역시 금서로 지정되어 판매를 금지당한다. 스피노자가 제시한 해법은 다음과 같다.

만일 여러분이 다른 사람들에게 좋지 않은 행동을 한다면 그것으로 바로 그 자리에서 여러분 스스로에게 벌을 주는 셈이며 내면의 평화와 행복을 성취할 기회를 부정하는 셈이다. 한편 여러분이 다른 사람들을 사랑한다면 그 순간 여러분은 내면의 평화와 행복에 도달할 좋은 기회를 갖게 되는 것이다. 따라서 우리는 신을 기쁘게 하기 위해 노력할 것이 아니라 신의 본성에 맞게 행동하도록 노력해야 할 것이다. 스피노자의 구원이란 다름 아니라 바로 그러한 행복이 쌓여서 이루어 낸 건강한 마음의 상태이다.

분노나 질투와 같은 부정적인 정서를 일으킬 수 있는 자극과 메커니즘을 스스로 단절하고, 긍정적이고 마음에 자양분을 주는 정서, 즉 자연을 관찰하고 감상하는 일, 위대한 예술을 경험하는 일 등 고양된 정서를 불러일으킬 수 있는 자극으로 대치하라. _『스피노자의 뇌』중에서 다마지오는 중요한 결정을 내리는 이성에 감정과 느낌이 없다면 제대로 된 판단을 할 수 없다고 결론 짓는다. 감정이 풍부한 사람이 합리적 판단을 내릴 수 있다. 이런 생각에 호응하듯 감정과 느낌을 아예 교육과정에 포함시켜야 한다는 주장도 등장했다.

근시안적인 인식과 태도는 철학자들이나 심리학자들뿐만 아니라 교육자들에게도 나타난다. 유치원에서 대학원에 이르기까지 모든 교육 단계의 커리큘럼이 과정이 아닌 결과에 의해 규정되어 어떻게 여러 과목으로 나뉘고 있는지 보라. 교육의 시작 단계에서부터 학생들은 문학, 수학, 과학, 역사, 음악, 미술 등으로 분리된 과목을 공부한다. 마치 그 과목이란 것이 본질적으로 별개의 것이고 상호 배타적이기라도 한 것처럼 말이다. (…)
감정과 느낌도 필히 커리큘럼의 일부가 되어야 한다. 우리가 창조적 상상력의 기반이 되는 느낌과 감정과 직관의 사용법을 배워야하는 것은 절대적인 명령과 같다. 그것이 '정신적 요리' 혹은 교육의 요체다. _『생각의 탄생』 중에서

뇌의 발생과 진화

19세기 미국 시인 에밀리 디킨슨은 한 사람의 두뇌는 하늘보다 넓고 바다보다 깊고 신처럼 무거워서 온 세상을 담을 수 있다고 노래했다. 이렇게 위대한 뇌는 어떻게 생겨났을까?

동물은 먹이를 찾아서 이리저리 움직여야 생존할 수 있다. 이에 외부에서 받아들이는 감각과 운동기관을 연결시키면서 신경세포가 발달하기 시작했다. 어떤 행동을 할 때 세포와 세포 사이의 소통을 원활하게 하는 역할을 신경세포가 담당한다. 반면 식물은 태양에너지를 이용해 광합성작용으로 영양분을 만들 수 있으므로 움직이지 않아도 되고 따라서 뇌도 필요하지 않다.

내가 지금 노트북 앞에 앉아, 눈으로 화면을 보면서, 자판을 두들겨 원고를 쓰고, 귀로는 음악을 듣고, 그러다가 신호가 오면 화장실에 다녀오고, 휴대폰이 울리면 상대방과 통화하는 행동 일체가 신경세포가 다른 세포의 도움을 받아서 관장하는 일이다. 빙판 위에서 춤추는 피겨스케이팅 선수나 열정적으로 지휘하는 오케스트라 지휘자, 그리고 대중 앞에서 열변을 토하며 강연하는 사람을 보면 감탄이 절로 나온다. 이 모든 움직임은 뇌 없이는 불가능하다. 사람의 머릿속에는 약 1천억 개의 뉴런이 나뭇가지처럼 뻗어 있고, 각 뉴런마다 또 수천 개의 시냅스가 생겨나 다른 뉴런들과 연결되는 울창한 숲과 같은 뇌에서 우리의 행동과 감정, 기억과 정신이 만들어진다.

인간의 뇌는 애초에 어떤 계획에 따라서 정교하게 완성된 것이 아니다. 좀 실망스럽겠지만 어떻게 하다 보니까 지금의 뇌가 되었을 뿐이다. 당연히 최초의 신경세포는 물속에 사는 물고기에서부터 만들어지기 시작했다. 그리고 생명의 뇌라고 불리는 파충류의 뇌에서 감정을 느낄 수 있는 포유류의 뇌를 거쳐 이성의 뇌로 불리는 인간의 뇌, 즉 대뇌피질(눈에 보이는 주름진 커다란 겉부분)로 진화해 왔다. 여기에 이르기까지 수억 년의 세월이 흘렀으며, 인간의 뇌에는 이 모든 과정이 켜켜이 쌓여 있다.

파충류는 알을 낳고는 어디론가 사라지며 양육에 그다지 관심을 보이지 않는다. 하지만 포유류는 새끼를 낳고 젖을 먹이고 보호하며 양육한다. 어미와 새끼가 서로 얼굴을 마주보고 몸을 비비며 이 과정에서 필연적으로 감정이 싹튼다. 새끼 강아지를 어미로부터 떼어 놓으면 밤새 울지 않는가? 인간에 이르러 비대해진 대뇌피질(혹은 신피질)이야말로 감정과 의식의 근원이다. 덕분에 인간에게만 추상화 능력과 미래에 대한 예측, 놀라운 언어 구사, 그리고 영적인 신앙심이나 이성적 판단력 같은 고등 능력이 생겼다.

인간의 뇌는 다른 동물에 비해 크고 성능이 뛰어나지만 그것이 곧 최고라는 뜻은 아니다. 다만 가장 최근에 만들어졌고 현재 그런 상태라는 의미일 뿐이다. 인간의 뇌가 오늘날에 이르기까지 수백만 년 동안 아프리카 사바나 초원 지대에서 생존을 위한 끊임없는 노력이 있었다. 컴퓨터와 다르게 뇌는 환경에 의해 변화한다. 사실 지금의 교실이나 사무실이 뇌한테는 썩 좋은 환경이 아니다. 어쩌면 근대 이후 늘어난 현대인의 질병은 자연환경에 적응하며 천천히 진화해 온 인간의 유전자가 급격한 변화의 속도를 따라잡지 못한 결과일지도 모른다.

그러니까 뇌는 서툴게 만들어진 연장인 셈이다. 뇌는 영리하고 꽤 쓸 만한 물건이지만, 진화 과정에서 그때그때 임시변통으로 덧붙여진 결과물에 가깝다. 인간의 마음도 맹목적인 진화가 빚어낸 서투른 결과물일 뿐이다. 인간은 때때로 명석하기도 하지만 멍청하기도 하다. 정치꾼이나 사이비 종교인의 속임수에 쉽게 넘어간다. 한 국가의 지도자나 고매한 인물도 실수를 저지르고 그 실수를 만회하려다 더 큰 실수를 저지르곤 한다. 이해보다는 오해가 일반적이며, 대부분 편견과 선입견에 사로잡힌 채 살아간다.

진화는 땜장이가 하는 일과 비슷하다. 새로운 부품을 만들기보다는 가능하면 이미 있는 부품을 재활용하는 방식이다. 뇌는 기왕의 부족한 것을 없애고 새롭게 만들기보다 기존 것을 그대로 둔 채 아이스크림을 한 국자씩 얹듯 더해진 덩어리다.

호모사피엔스가 되기 위한 십대들의 성장통

뇌과학의 연구 성과를 아이를 이해하는 데 활용하고 교육에 접목할 필요를 느낀다. 교육과 뇌과학의 만남과 상호작용은 앞으로 점점 늘어날 것이다. 끌려가기 전에 끌고 간다는 각오가 필요하다. 신경과학과 교육의 관계는 해부학과 의학의 관계처럼 가까워야 한다. 섣부른 판단인지 모르겠지만 그동안 대안교육의 이름을 걸고 해 왔던 여러 생각과 실천이 적어도 뇌과학의 관점에서 보면 그다지 틀리지 않았다는 생각이 든다.

다음과 같은 질문들을 뇌과학의 관점에서 고민해 보자. 학습에서 결정적 시기라는 말의 진정한 의미는 무엇일까? 유아기 학습에 결정적 시기가 과연 존재할까? 학습하기에 너무 늦은 시기가 있을까? 조기교육은 바람직할까, 아니면 오히려 아이 발달에 해가 될까?

우선 결정적 시기가 융통성 없이 고정되어 있다고 믿는 신경과학자는 이제 거의 없다.

많은 경우, 결정적 시기를 민감한 시기라고 해석하며, 평생에 걸쳐 이루어지는 경험에 의해 뇌가 만들어지고 변화되는 능력이 이때 민감하게 변화한다고 본다. 이때의 적절한 자극이 정교하고 세련된 것일 필요는 전혀 없다. 적절한 자극이란 오히려 기본적이고 일반적인 경향이 있으며, 평범한 환경 속에서 쉽게 얻을 수 있는 것들이다. 특히 어린아이의 경우 중요한 것은 언어와 의사소통을 포함해서 다른 인간과의 상호작용이다. _『뇌, 1.4킬로그램의 배움터』중에서 많은 부모가 자녀를 양육하는 과정에서 느끼는 열패감과 불안감을 극복하는 방법은 무엇일까? 어느 날 갑자기 변해 버린 청소년기 자녀의 낯선 모습 때문에 부모는 당황하고 분노하고 무력감에 빠지기도 한다. 이 시기에는 눈에 보이는 신체적인 변화와 동시에 눈에 보이지 않는 뇌 속의 변화도 진행된다. 사실 원인은 단순하다. 이 눈에 보이지 않는 뇌가 눈에 보이는 모든 변화를 이끌고 있는 것이다.

버릇없는 십대 혹은 질풍노도의 시절로 상징되는 청소년기는, 뇌의 여러 부위 중에서도 이성과 개념 등 고등 기능을 주관하는 전전두엽이 재편되는 시기다. 만약 이때 십대 자녀의 뇌 속에 들어간다면 '공사 중'이라는 표지판을 볼 수 있을 것이다. 뇌 공부의 요점은 바로 이 변화를 긍정적으로 이해하는 것이다. 청소년을 이해하기 위한 방편으로 뇌과학의 최신 성과를 공부하는 것은 무조건적으로 인내하고 사랑하는 것 이상으로 현명한 일이다.

'판을 새로 짜라!' 사춘기에 접어든 아이에게 뇌가 내리는 명령이다. 그동안 아이를 지배해왔던 편도체(감정의 뇌)는 전두엽(이성의 뇌)이라는 강력한 경쟁자를 만난다. 1980

년대 이후 연구를 통해서 전두엽은 인간의 뇌 중에서 가장 나중에 발달하는 영역임이 입증되었다. 또한 사춘기 때 인간의 뇌가 전체적으로 재구성된다는 사실이 밝혀졌다. 사춘기 이전의 아이와 사춘기 이후의 청소년 사이에는 전두엽에 커다란 차이가 있다. 자신과 주변을 당혹스럽게 하는 이 힘든 재창조 작업은, 알고 보면 호모사피엔스가 만물의 영장으로 거듭나는 특별한 순간이다. 이 시기를 반드시 거쳐야만 비로소 성숙된 삶을 누릴 수 있다. 사춘기는 우리 인생에서 특히 중요한 시기다.

뇌의 신경 경로는 뜨거운 경로와 차가운 경로로 구분할 수 있다. 주로 감정을 담당하는 대뇌변연계 부위가 뜨거운 경로라면, 높은 수준의 인지 기능을 담당하는 전전두엽 부위는 차가운 경로다. 청소년과 성인을 대상으로 한 각종 실험에서 차가운 인지 기능 영역이 뜨거운 감정 영역을 원활하게 조절하기까지는 오랜 시간이 걸리는 것으로 밝혀졌다. 뜨거운 뇌 영역과 차가운 뇌 영역은 십대 초반에 시작해서 사춘기를 거쳐 이십대 초반에 이르기까지 새로운 연결을 꾸준히 만들어 간다.

사춘기의 특징인 '감정의 과잉'은 이런 발달 과정에서

나타나는 불가피한 산물이다. 이 시기에는 '관계에의 집착'도 나타난다. 청소년에게는 사회적 관계를 잘 맺는 것이 대단히 중요한데, 또래 집단에서 거절당하는 것은 세상을 전부 잃는 것처럼 치명적이다. 감정을 조절하고 상대를 배려하는 마음을 익히는 것은 감정 과잉의 시간을 몸으로 살아내며 습득하는 값진 능력이다. 그러나 차가운 인지 기능만을 훈련하도록 몰아붙이는 한국 사회의 청소년에게 그 시간은 너무 잔인하다.

살아 있는 인간의 뇌를 관찰해 보면, 십대와 성인은 서로 다른 뇌 부위에 의존해 살아간다. 청소년기 아이와 부모가 논쟁을 할 때, 아이는 주로 감정을 관장하는 편도체(변연계)를 사용하고 부모는 주로 사고를 관장하는 전두엽을 사용한다. 아이를 설득하거나 대화할 때 논리적인 접근보다 정서적인 접근이 효과적인 이유다. 그래서 가족과 함께 식사하는 횟수가 늘어날수록 자녀가 비뚤어질 가능성은 줄어든다.

이 시기에는 지켜봐 주는 것이 중요하다. 부모의 가장 중요한 역할은 안전한 보금자리가 되어 주는 것이다. 육체적으로는 성인과 다름없지만 정신적으로는 미숙한 십대들에게는 성숙한 뇌의 전두엽 역할을 해줄 사람이 필요하다. 그 역할을 부모와 교사가 담당해야 한다.

십대의 뇌에 대해 많이 알수록 좋은 부모, 좋은 교사가 될 가능성이 좀 더 커지리라고 생각한다. 그러나 과학이 모든 것을 해결해 주지는 못한다. 사랑과 믿음이라는 불변의 무기에 낙관적인 유머 감각을 더한다면 더할 나위 없겠지만, 그래도 안 된다면 맷집으로 참고 버텨내야 한다.

취학 전 유아의 뇌 발달에 관한 교양서적으로『우리 아이 머리에선 무슨 일이 일어나고 있을까』라는 책이 있다. 6백 쪽에 이르는 이 두터운 책은 신경과학자인 젊은 엄마가 아기를 낳고 키우면서 겪었던 일들을 뇌과학에 비추어서 설명하기에 그 설득력이 남다르다. 범람하는 싸구려 육아지침서 여러 권보다 이 한 권이 훨씬 낫다. 그중 한 구절을 인용해 본다.

학과 공부에 중점을 둔 유치원에 다니는 아이들과 그렇지 않은 유치원에 다니는 아이들을 비교해 본 적이 있다. 두 집단 사이의 지능이나 나중의 학업 성적에는 차이가 없었다. 학과 공부에 일찍부터 시달린 아이들은 오히려 학교에 부정적인 생각을 가지고 있었다. 아이들에게 일찍 공부를 강요하면 오히려 더 나빠질 수 있다는 것을 잊어서는 안 된다. 일찍부터 공부를 강요하면 정작 학교에 들어가서는 완전히 지쳐 버릴 수도 있다. 한창 창의력과 상상력이 피어날 때인데 제대로 꽃피워 보지도 못하고 시들게 할 수는 없지 않은가? 유치원 아이들에겐 기어오르고, 색칠하고, 쌓고, 나무 심고, 망치질 하고, 물을 쏟고, 박수를 치고 노래를 부르는 일이 더 어울린다. 유치원 아이들의 이러한 놀이들을 두고 심리학자들은 '발달에 적합한'이란 표현을 쓴다.

평생 변하고 발달하는 뇌

가소성plasticity이란 '환경의 영향을 받아 변화하는 성질'을 말한다. 교육학적으로는 '발달해 가는 가능성 내지 변화되어 가는 가변성'을 가소성이라고 한다.

뇌의 영양분은 뭘까? 포도당과 산소다. 노인이 되면 뉴런이 상실되기 때문에 신경과학자들은 뇌의 혈류와 산소 소비량도 노화와 함께 감소할 것이라고 짐작해 왔다. 그러나 이런 생각이 틀렸음이 밝혀졌다. 건강한 20세 청년과 건강한 70세 노인의 뇌 혈류량과 산소 소비량 검사 결과는 모두를 놀라게 했다. 둘은 포도당 사용량에서 거의 차이를 보이지 않았다. 일반적으로 노인의 뉴런 수는 더 적은데 산소와 포도당 즉 에너지 사용량이 왜 젊은이와 다르지 않을까?

운동 순발력, 단순 암기력 등은 떨어지지만 각종 심리 검사에서 노인은 젊은이와 큰 차이를 보이지 않는다. 오히려 '결정적 지능'에서는 젊은이보다 더 뛰어난 것으로 나타난다. 결정적 지능이란 어휘력, 일반 상식, 이해력 등 종합적인 통찰력을 뜻하며 일생 동안 축적된 지식과 경험으로 여겨져 매우 가치가 높다. 그래서 지혜로운 노인 한 명을 열 젊은이가 못 따라간다는 말이 있는 것이다. 이런 점을 감안하면 검사 결과는 조금도 이상하지 않다.

어쨌거나 인간은 실제 필요보다 훨씬 많은 뉴런을 갖고 살아간다는 사실이 밝혀지면서 이 미스터리는 해결되었다. 나아가 노인의 뇌 세포 중 죽지 않고 살아 있는 것들의 수상돌기(뉴런 중 정보를 받아들이는 부위)는 계속 자라고 그 수상돌기들이 시냅스를 연결하면서 전체 뉴런들 간의 상호작용을 향상시킨다는 사실도 밝혀졌다. 뉴런과 뉴런을 연결하는 시냅스, 즉 하늘의 별만큼 많다고 하는 이 연결망이야말로 학습과 창조의 발상지이다.

중년 이후의 뇌도 적절한 자극을 통해서 계속 변하고 발달할 수 있다. 아이에게 평생 공부의 습관을 형성하도록 돕는 것은 그 아이의 몸에 평생 동안 재충전할 수 있는 배터리를 장착해 주는 것과 같다. 스티브 잡스처럼 표현한다면 "항상 배고프고(갈망하고) 항상 어리석어라Stay hungry, stay foolish"일 것이다.

외적 요인이 뇌 구조에 얼마나 큰 영향을 미치는지 알아보는 실험이 있었다. 미국 일리노이 대학에서 쥐들에게 '디즈니랜드'를 만들어 주었더니(풍부한 환경을 제공해 주었더니) 시냅스가 수없이 늘어나고 높은 지능을 보여 주었다. 가장 눈에 띄는 변화는 뉴런에서 외부 자극을 받아들이는 수상돌기의 뚜렷한 증가였다. 늙은 쥐의 뇌에서도 똑같은 변화가 일어났으며, 손상을 입었을 때 회복 속도도 훨씬 빠르게 나타났다. 주목할 점은 이런 변화가 불과 며칠 사이에 일어났다는 것이다. 이런 식으로 근육을 발달시키려면 최소 몇 달은 훈련을 해야 할 것이다.

또한 영국의 신경과학자들은 연구를 통해 런던 택시 기사의 해마가 일반인에 비해 훨씬 크다는 사실을 밝혀냈다.

해마의 중요한 기능은 단기 기억을 장기 기억으로 바꾸는 일이다. 과학자들은 런던 택시 면허를 취득하기 위해 교육 과정에 등록한 80명의 뇌를 MRI로 스캔하였다. 이들 중 절반이 시험에 떨어졌는데, 런던의 중심가에만 수천 개의 거리와 수백 곳의 관광 명소가 있다는 사실을 감안하면 그리 놀랄 일은 아니다. 어쨌든 시험 후에 80명의 뇌를 다시 스캔했는데, 합격자들의 해마는 훨씬 커진 반면 시험에 떨어진 이들의 해마에는 변화가 없었다.

신경계가 학습이나 기억과 관련해서 유연하게 시스템을 구축해 가는 과정은 생명의 경이로움을 느끼게 한다. '어린 시절에 형성된 뇌는 일생 동안 변하지 않는다, 성인의 뇌 구조는 변하지 않는다'는 가설은 21세기에 들어와서 완전히 무너졌다. 오직 알코올이나 흡연, 약물 등에 의한 뇌 손상만이 있을 뿐이다. 뇌는 공부하고 운동하고 연습하면 바뀐다. 즉 새로운 뭔가를 배울 때마다 뇌는 변한다. 뇌의 가소성은 저절로 이루어지는 것이 아니라 뇌를 얼마나 많이 사용하는가에 결정적으로 달려 있다. 뿌리 깊은 신경학적 허무주의를 극복하고 '뇌 가소성 혁명'을 일구어낸 인간 승리의 사례들이 수없이 보고되고 있다.

뇌 가소성은 요람에서 무덤까지 이어진다. 기쁘게도 인간은 생각했던 것보다 훨씬 열려 있고 무궁무진한 가능성을 지니고 있다. 뇌는 외부로부터 감각을 받아들여서 뭔가를 배우고 운동하기 위해 존재한다. 따라서 삶을 진정 생생하게 느끼고 싶다면 항상 배워야 한다. 우리 모두에게 죽는 순간까지 '새싹'이 자라는 뇌가 있는 한 포기해도 되는 일 따위 애초에 없는지도 모른다. 그러므로 누구에게도 '넌 할 수 없어'라는 말을 해서는 안 된다.

사랑과 공감이 건강한 뇌를 키운다

신경과학은 우리 사회의 빈부 문제와도 관련이 깊다. 빈곤은 굶주림에서 끝나는 것이 아니라 아이의 뇌에 극적인 영향을 미치기도 한다. 버클리 대학의 연구 결과에 의하면, 경제적으로 빈곤한 아이의 뇌 기능은 경제적으로 부유한 아이의 뇌 기능과 크게 차이가 났는데, 마치 뇌경색 환자의 뇌와 건강한 사람의 뇌만큼이나 차이가 컸다. 빈곤한 아이의 전전두엽 기능은 마치 뇌경색 수술을 받은 환자와 비슷한 양상을 보였다. 특히 언어 발달과 계획을 세우고 내용을 자세히 기억하고 주의를 기울이는 인지 능력에서 큰 차이를 보였다. 초등학교에 입학하기 전 중산층 아이는 빈곤층 아이에 비해 거의 3배에 가까운 어휘를 구사할 수 있었다. 빈곤층 아이가 이 상태를 개선하기 위해서는 엄청난 노력, 즉 많은 시간과 에너지, 비용이 필요하다.

유전으로 인해 결정되는 뇌 자체의 특성보다는 부모의 양육 태도나 사회경제적 지위에 따라서 뇌 구조가 어떻게 바뀌고 뇌 기능에 어떤 영향을 주는지를 고민해야 한다. 좋지 않은 환경(빈곤, 영양 부족, 전쟁, 스트레스, 학대, 무관심, 애정 결핍, 오염된 환경 등)은 지능을 낮추고 정서적인 결핍을 초래할 뿐만 아니라 아이의 뇌 기능을 광범위하게 떨어뜨린다. 전 세계적으로 1%와 99%로 비유되는 극심한 불평등을 넘어서고 인간 사회의 조화로운 발달을 위해서 뇌과학이 무엇을 해야 할지 고민해야 할 시점이다. 또한 한국에서는 남북이 통일되었을 때, 경제 격차로 인한 뇌의 발달 차이로 아이들이 곤란한 상황을 겪지 않도록 미리 대책을 마련해야 한다.

왕따와 학교폭력 문제를 다시 생각해 본다. 가해 학생의 두드러진 특징은 피해 학생의 고통을 이해하고 공감하는 능력이 부족하다는 것이다. 가해 학생의 뇌를 촬영한 결과 타인의 고통을 인지하는 해마와 편도핵의 활성도가 다른 학생들보다 현저히 낮았다.

『공감의 뿌리』라는 책의 저자 메리 고든은 독특한 교육 프로그램을 개발했다. 바로 갓난아기를 학교에 초대해서 아이들로 하여금 일 년 정도 성장 과정을 지켜보게 하는 공감 능력 향상 프로그램이다. 반응은 놀라움 그 자체다. 아기를 중심으로 교육과정을 구성할 수 있으리라고, 또 아기가 이끄는 교육이 신경과학 측면에서 놀라운 결과를 낳을 수 있으리라고 그 누가 상상이나 했을까. 이 프로그램의 매력은 무엇보다도 실천적이고 간명하다는 점이다. 캐나다에서 시작된 이 프로그램은 지금 전 세계로 확산되고 있다.

책을 읽으면서 크게 공감한 나는 몇 년 전 어느 엄마와 아기와 함께 공감 프로그램을 시도해 보았다. 아기는 아직 사회적 편견이나 고정관념에 물들지 않았기에 모범생도 모르고 말썽꾸러기 문제아도 모른다. 아기는 세상이 정한 차이를 모른다. 인종도 계급도 모른다. 비록 한 번의 만남에 그쳤지만 갓난아기를 만난 학생들의 놀란 표정이 아직도 눈에 선하다.

> 나치 독일의 전범 재판이 열리던 중 어느 판사는 전쟁 범죄에 대
> 해 '공감의 실패'라고 표현했지만, 우리는 또한 곳곳에서 '공감의
> 승리'도 목격한다. 교실로 찾아온 아기는 공감 능력을 길러 주는
> 촉매제다. _『공감의 뿌리』중에서

오늘도 우리는 사회 곳곳에서 공감의 실패를 목도하며
좌절감을 느낀다. 세월호 참사 당시, 공감 능력이 현저히
떨어지는 무책임한 정치인과 선원, 공무원들 때문에 유가
족과 국민들은 2차 충격에 빠졌다. 인간에 대한 공감을 포
기하고 오직 돈에 공감하는 세상이 초래한 참사였다. 지금
까지 우리 교육이 이웃의 아픔을 공감하는 데 실패했다면
새로운 교육을 추구하는 이들은 공감의 전령사가 되어야
한다. 교육 현장과 사회 곳곳에 공감의 물결이 퍼져 갈 때
따돌림과 학교폭력은 현저히 줄어들 것이다.

자녀 양육의 뇌과학적 진실을 한 문장으로 표현하면 다
음과 같다. '사랑과 공감이 건강한 뇌를 키운다.' 유치원
교사였던 지은이의 고백을 기억하자.

나는 교사로서 아이들에게 완벽한 세상을 만들어 줄 수 있다고 믿었다. 그러나 완벽한 세상은커녕 오히려 아이들을 둘러싼 냉혹한 현실을 마주해야 했다. 특히 네댓 살 된 어린아이들이 첫날 교실에 들어오는 모습을 보고 내 생각은 크게 달라졌다. 교실에 첫발을 들여놓는 순간부터 어떤 아이는 승자가 되고 어떤 아이는 패자가 될지 판가름이 났다. _『공감의 뿌리』 중에서

학교가 존재하는 이유

언제부턴가 누구나 '나는 다양성을 인정한다'라는 말을 쉽게 한다. 그러나 내가 경험한 바로는 세상에서 가장 힘든 일이 다양성을 인정하고 받아들이는 것이다. 다양한 생각, 자기와 다른 생각을 흔쾌히 받아들이는 경우를 거의 보지 못했다.

사실 길고 긴 진화의 관점에서 보면 사람과 사람 사이의 생물학적 차이는 무시해도 될 만한 수준이다. 한편에서는 이 차이를 강조하거나 과장하려 하고, 한편에서는 이 차이를 중요치 않게 여기거나 줄이려 한다. 그러나 인간은 차이는 착각일 뿐이라는 생각과 실천을 통해서 사랑과 정

의를 실현해 왔다. 장애와 비장애, 우등생과 열등생, 모범생과 문제아 등을 엄격하게 구분하지 말아야 한다. 이건 자연의 명령이다.

차이가 중요치 않다 해도 교육적인 '편파성'은 필요하다. 교사가 모든 아이들에게 동일한 시간을 쏟을 수는 없다. 다급한 아이가 있고, 우선 그에게 신경을 써야 하기 때문이다. 편파적인 것이 공정한 것이다. 사회적으로도 농어촌의 가정이나 이주민의 자녀 등을 지원하는 것이 공정하다. 도움이 필요한 아이에게 더 많은 도움을 주는 것이 상생하는 길이다.

주한 핀란드 대사였던 페카 부오리스토는 교육 강국으로 알려진 핀란드 교육의 특징을 묻는 질문에 이렇게 대답했다. "모든 아이에게 동등한 기회를 부여하는 것, 이것이 가장 중요한 특징입니다." 핀란드 대사가 한 수 가르쳐 줬다. 교육은 공평해야 한다.

불리한 조건과 재능은 동전의 양면과 같다. 제대로 된 학교 공동체라면 이런 불리한 조건이 걸림돌이 아니라 디딤돌이 될 수 있도록 환경과 문화를 가꾸어 가야 한다. 대안학교의 대안성은 생태, 평화, 자유, 자치 등의 가치와 더

불어 유연함과 서로를 돕는 공동체 정신에 있다.

영화 〈뷰티풀 마인드〉의 실제 주인공 존 내시 박사는 조현병을 앓았지만 1994년 노벨경제학상을 수상했다. 그는 평생 수를 믿고 추론을 이끌어 내는 방정식과 논리를 공부하다 결국 진정한 논리를 발견한다. 그건 바로 다름을 받아들이는 사랑의 방정식이었다. 프린스턴 대학교의 포용력이 그를 키웠으며 대학은 그에게 치료 공동체였다.

모든 것은 흘러가며 변한다

사람과 동식물은 단백질 덩어리다. 유전자는 바뀌지 않지만 단백질은 바뀐다. 일단 태어난 후에는 단백질이 몸의 변화를 주도한다. 아이가 청소년이 되고, 청년이 노인이 되는 것은 단백질의 변화 때문이다. 부모로부터 물려받은 유전자는 바꿀 수 없지만 단백질의 변화를 통해서 인생을 바꿀 수는 있다. 유전자가 악보라면 단백질은 연주하는 것이다. 유전자는 삶의 안정성을 보장하고 단백질은 생명의 역동성을 제공한다. 그런 의미에서 인간은 언제나 변화의 가능성을 품고 있다.

교육 현장에서 수없이 확인하면서도 늘 감탄하는 일이 있다. 그건 시간이 지나고 보니 귀차니스트 싸가지가 촛불 청소년이 되고, 무기력에 빠진 아이가 미완의 대기가 되고, 양아치가 알고 보니까 어린 붓다더라는 것이다. 이것은 아이가 자라면서 보여 주는 일종의 마법이다. 마법을 확인하고 싶으면 아이들과 함께 생활하면서 그저 지켜보면 된다.

'모든 것은 흘러가며 변한다'라는 고대 그리스 헤라클레이토스의 말은 세상뿐만 아니라 인간에게도 해당된다. 변화는 불변의 진리다. 아이는 청소년이 되고 청소년은 어른으로 성장하며(즉 변하며) 늙어 간다. 완고하여 결코 변할 것 같지 않던 사람도 변한다. 사회 전체가 변하기도 하는데, 2016년 가을부터 시작된 촛불혁명으로 인해 한국 사회는 무언가 변했다. 이 변화는 극적이어서 눈으로 보고도 믿기 힘들 정도였다.

만약 변화를 거부한다면 그는 사회활동이나 인간관계에서 대단히 불리한 위치에 처하게 될 것이다. 인간은 변화를 받아들이는 능력과 거의 무한한 학습 능력을 갖추고 있다. 이를 통해 자신의 인격적 완성을 향해 나아간다. 이러한 믿음과 희망이 없다면 학교에서는 아무것도 가르치거나 배울 수 없고 어떤 의미 있는 활동도 할 수 없을 것이다.

이 모든 변화의 밑바탕에는 뇌의 변화가 있다. 뇌 가소성은 성격과 질병, 여러 불행을 숙명으로 받아들일 필요가 없다고 말한다. 성격은 바꿀 수 있고, 질병과 불행은 극복할 수 있다. 다만 순식간에 일어나는 마술이 아니라 오랜 시간이 필요한 일이다.

인간과 세상을 누가 왜 만들었는가? 아무리 물어봐도 자연은 대답이 없다. 그러나 인간은 의미를 묻고 가치를 추구한다. 인간은 자신에게 냉담한 자연 앞에 홀로 서서, 특별한 뇌를 사용해 묻고 또 묻는다. 우리는 왜 여기에 있는가? 우리는 어디서 왔으며 어디로 가는가? 인간은 왜 지금의 인간인가? 이러한 질문들이야말로 인문학과 자연과학 그리고 뇌과학을 공부하는 궁극적인 목표다. 뇌과학은 자연을 탐구하는 과학과 인간 경험의 의미를 탐구하는 인문학을 다리처럼 연결한다.

2

공진화하는
교육의 주체들

아이를 사이에 두고 교사·아이·부모가 함께 성장한다.

이를 회전하는 천체로 시각화해 보자.

지구의 위치에 아이를, 달에 부모를, 태양에 교사를 두면 된다.

3개의 천체가 부딪히지 않고 잘 공전하려면 조화가 관건이다.

뉴턴도 풀기 어려워했던 세 천체의 공전 방정식을 우리가 풀어야 한다.

조화가 어긋나면 반드시 충돌한다.

5장 공진화하는 교육의 주체1 _부모

부모와 아이의 공진화

공진화共進化, coevolution란 환경과 생명체가 영향을 주고 받으며 지금처럼 다채롭고 아름답게 진화해 왔다는 자연과학의 한 원리이다. 원시지구의 척박한 환경에서 생명이 탄생하였고, 그로부터 몇 억 년 후 광합성을 하는 박테리아가 생겨났다. 박테리아가 쉼 없이 광합성 작용을 한 결과, 그 부산물인 산소가 바닷속을 채우고 대기까지 진출했다. 대기 중 산소 농도가 높아지자 산소 호흡을 하는 다세포 진핵생물(세포에 핵이 있는 생물, 쉽게 말해 식물, 동물, 인간을 말한다)이 출현해서 덩치 큰 생물로 진화해 갔다. 산소 농도는 동물의 형태와 다양성을 결정하는 중요한 요인이었다. 또한 바다와 대기에 충분히 쌓인 산소는 갖가지 광물을 만들어 내기 시작했다. 들판이나 강가에 저 혼자 있는 돌멩이도 생명체의 영향을 받았다. 이처럼 서로 무관해 보이는 것들이 실은 영향을 주고받으며 진화해 온 것이다.

부모와 아이는 교육을 통해 함께 성장하는데, 이 또한 공진화 관계라고 할 수 있다. 아이는 태어나고 몇 년간 부모의 절대적인 보호 아래서 자란다. 부모의 품 안에서 자라는 아이는 무력해 보이지만 부모의 삶에 큰 영향을 끼친다. 아이가 기고, 두 발로 걷고, 말을 하고, 자의식이 형성되면서 영향력은 점점 더 커진다. 아이가 학교에 들어가기 전 가정에서 습득한 문화는 아이와 함께 학교로 간다. 학교에서 교사와 친구, 즉 다른 문화들과 충돌하면서 새로이 형성된 문화는 다시 가정으로 옮겨진다.

현재 아이의 모습에는 부모가 숨어 있다. 부모의 모습에도 아이가 깃들어 있다. 부모와 아이가 서로 영향을 주고받는다는 사실을 아는 것이 건강한 변화의 시작이다. 이 변화에 기꺼이 몸을 맡기는 부모는 양육의 고단함 속에서도 성숙의 기쁨을 맛볼 수 있다. 열린 부모는 아이와의 공진화라는 물결에 스스럼없이 몸을 맡긴다. 그 유연함이 아이를 키우는 동력이 된다. 아이의 됨됨이는 부모를 보여주는 거울이다.

아기가 태어나면 부모는 질문을 던진다. '어떻게 아이를 만나야 할까?' 처한 입장에 따라 다양한 육아관을 선택할 수 있겠다. 그렇지만 아기와 부모를 분리하여 생각하는 양자택일식 육아관보다는, 아기와 부모를 아우르며 성장을 모색하는 육아관을 우선적으로 권한다.

부모와 아이의 공진화가 건강하게 이루어질 때 관계도 좋아진다. 반대로 부모가 욕심을 앞세우면 모두가 힘들어진다. 내 경험에 의하면, 부모와 아이 간 불화의 원인 중 상당수가 공진화를 외면하는 부모에게 있는 듯하다. 부모와 아이의 공진화는 선택이 아니라 필수 사항이며, 부모가 먼저 아이를 책임지는 일이다.

'네가 잘 되어야 나도 잘 된다'는 생각은 공진화가 아니다. 다만 서로 의존하면서 영향을 주고받을 뿐이다. 내가 고집을 부리며 강제하면 아이가 어떤 영향을 받을지 알고 책임을 지겠다는 자세다. 아이를 파트너로 인정하겠다는 것이다. 부모와 아이의 관계는 사랑만으로 설명할 수 없다. 권력 관계이기도 하다. 이를 분명히 인식해야 권력을 남용하지 않을 수 있다.

그렇다면 공진화의 끝은 어디일까? 자연에서의 공진화는 끝이 없지만, 부모와 아이의 공진화는 끝이 있다. 아이가 성숙해지면 부모는 놓아야 한다. 이 역시 공진화의 과정이다. 아이가 다 컸는데도 부모가 계속해서 영향력을 행사하면 오히려 그의 발목을 잡는 꼴이다. 아이를 놓아주는 용기와 지혜가 필요하다.

아이는 부모가 원하는 순간에 자라지 않는다

한국의 부모들은 아이 교육을 지나치게 걱정한다. 공교육을 받으면 혹시 경쟁에 뒤처질까봐 혹은 '이렇게 살아도 되나' 하고 불안해한다. 대안학교에 가더라도 정해진 길에서 벗어난 듯한 두려움을 느끼거나 역시 '이렇게 살아도 되나' 하고 불안해한다. 불안감이 이 시대에 만연한 감정이기는 하지만 교육에서는 유독 심하다. 적당한 불안은 발전의 추진력이나 창조의 씨앗이 될 수 있지만, 부풀

려지고 상품화된 불안은 가정을 뒤흔든다.

아이에겐 자기만의 성장 시간표가 있다. 대개 교사나 부모 입장에서는 아이가 빨리 꿈을 꾸고 진로를 찾기를 바란다. 하지만 아이는 이런 부모의 마음을 아는지 모르는지 자기 시간표대로 자랄 뿐이다. 배우고 성장하는 방식은 저마다 다르다. 아이의 성장은 각기 다른 리듬으로 이루어지며 그 나름의 리듬을 보장받아야 한다.

각 계절마다 피는 꽃이 다르다. 봄꽃은 여름에 피는 꽃을 시샘하지 않고, 가을꽃은 겨울에 피는 꽃을 부러워하지 않는다. 어느 계절의 꽃이 가장 아름다운지 비교할 수 없다. 제철에 피는 꽃을 보고 아름답다고 환호하듯, 아이마다의 성장 시간표를 존중해야 한다. 모든 꽃이 봄에만 핀다면 아마 멸종을 면치 못했을 것이다. 논에 모를 심고는 빨리 자라지 않는다고 손으로 잡아당기면 어떻게 되겠는가? 우리는 항상 아이가 잘 크고 있는지 성급하게 확인하려 한다. 그러나 사랑의 다른 말은 믿고 기다리는 것이다. 교육에서의 기다림은 아이가 스스로 성장할 기회를 주는 것이다.

집단 전염병처럼 주기적으로 대한민국 부모를 휘젓고

지나가는 불안이라는 괴물이 영국 부모에게도 나타나는가 보다. 영국에도 불안을 파는 장사가 성업 중이다. 2010년 영국 의학저널에 발표된 연구 결과에 따르면, 특정 치료를 통해 아이의 반사회적 행동이 눈에 띄게 개선되었다. 그 치료는 안전했고 연구 비용 대비 효율도 매우 높았다. 그런데 영국의 상업 언론은 이 소식을 전하지 않았다. 그간 교육 치료법이라면 열 일 제쳐 두고 달려들었던 것과는 너무나 다른 태도였다. 이유는 간단했는데, 팔 수 있는 약에 대한 연구가 아니었기 때문이다. 그 연구는 저렴하고 실용적인 양육 프로그램에 관한 것이었다.

전 세계 어디에도 아이의 성장을 위한 기적의 약 따위는 없다. 물고기 기름 같은 것이 지능을 높이거나 아이의 꿈을 일찍 피어나게 하지 않는다. 뇌가 좋아진다, 공부를 잘하게 만든다, 창의성을 키워 준다, 이런 잘못된 믿음이 아이와 부모를 얼마나 황폐하게 만드는지 나는 무수히 보아 왔다.

한국의 부모들은 아이에게 지나치게 집착하는 경향이 있다. 아이의 자율성이 자라지 못하면 결국 부모에 대한 의존에서 벗어날 수 없다. 아이에게만 매달리는 부모 아래서 어떤 아이가 자라날지 냉정하게 돌아봐야 한다.

사람의 인생에서 모든 시기는 동등한 가치를 지닌다. 어느 한 시기가 독보적으로 중요하지 않다. 미래를 위해 청소년기를 희생해야 한다면, 그 미래란 언제를 말하는 걸까? 30대? 40대? 우습게도 실체가 없지 않은가? 그렇다고 현재를 위해서 미래를 희생하자는 말은 아니다. 미래에 눈을 감은 전망은 근시안이다. 현재는 현재대로 미래는 미래대로, 인생의 단계마다 각기 다른 삶의 의미와 즐거움이 있다.

〈세 얼간이〉라는 인도 영화가 있다. 십여 개의 에피소드가 이어지는 이 영화는 관객을 폭 빠지게 만드는 힘이 있다. 영화 막바지에 이르러 아쉬워하던 참에 정신이 번쩍 드는 장면이 나왔다. 사라졌던 괴짜 주인공 란초가 어느 호숫가 마을에 학교를 만들어 아이들과 뛰놀고 있었다. 학교를 세울 줄은 상상도 못했는데, 어쩐지 마음이 뿌듯했다. 〈세 얼간이〉를 나의 오마주로 만든 유명한 대사 "알 이즈 웰All is well!"을 우리말로 번역하면 "쫄지 마!"일 것이다. 부모님들, 힘들고 외로울 때 가슴을 두드리며 외쳐 보시라. "알 이즈 웰!"

부모의 유연함이 아이를 키운다

몇 년 전 국내 한 대학에 임용되면서 화제를 모았던 세계 최연소 교수의 말을 한번 들어 보자.

한국 부모는 열정이 지나쳐 자녀가 진정 원하는 것을 파악하지 못할 때가 많은 것 같다. 부모가 자기 목표를 강요하면 아이는 (   )을 잃게 된다. 자기 자신이 누구인지를 파악하는 데서 행복을 찾아야 한다. 모두가 특별하다. 그것이 (   )이다. 나의 경우, 학교 공부 외 따로 영재교육 같은 건 없었고, 어머니는 다만 '틀에 가두고 싶지 않았다'고 말씀하셨다. 그 (   )이 나를 최연소 교수로 만든 것 같다.

괄호 안에 들어갈 말은 무엇일까? 다름 아닌 '유연함'이다. 교육과 인간관계의 최고 가치 중 하나는 유연함이다. 살아 있는 것은 유연하고 죽은 것은 뻣뻣하다. 아이는 유연하고 어른은 경직되어 있다. 여유롭고 시야가 넓으면 유연해지고, 조급하고 시야가 좁으면 딱딱하게 굳는다.

유연함과 관련된 뇌의 특징 중 하나는 바로 '애매한 기억'이다. 상식과 달리 하등동물일수록 정확한 기억을 가지고 있는데, 이는 곧 융통성이 없다는 뜻이다. 내일의 나는 오늘의 나와 다르고, 어떤 경우에도 완전히 동일한 상황은 다시 벌어지지 않는다. 따라서 완벽하게 정확한 기억은 사실 필요가 없다. 반면 애매하고 유연한 기억이야말로 상상력의 원천이다. 컴퓨터는 정확하지만 상상력과 창의력이 없는데, 역설적으로 유연성과 애매한 기억이 없기 때문이다. 애매하고 유연한 사고를 갖추려면 사물을 천천히 배워야 한다. 틀에 가두거나 다그치면 배움 자체를 그르칠 수 있다. 인간이기 때문에 머뭇거리고, 인간이기 때문에 불안정한 것이다. 컴퓨터가 주어진 계산만을 수행할 때, 사람의 뇌는 이것과 저것 사이에 놓인 수많은 가능성을 고려한다.

한국 사회의 부모들은 자녀 교육에 대해 다양한 스펙트럼을 보이고 있다. 경제적 여유를 바탕으로 입시교육에 매진하는 경우부터 남들이 다 하니까 어쩔 수 없이 입시교육을 하는 경우, 비교적 유연하게 사교육과 거리를 두는 경우도 있다. 그런가 하면 대안교육을 선택해서 즐겁게 자신의 삶을 살아가는 경우도 있고, 대안교육을 선택했지만 여전히 불안해하는 경우도 있다. 누군가는 학교를 거부하고 홈스쿨링을 선택하기도 한다. 아이를 경쟁이 심한 일반 학교에 보내면서도 무신경한 부모가 있는가 하면, 대안학교에 보내면서도 조급해하는 부모가 있다. 나는 이러한 차이들이 바로 유연함에서 비롯된다고 생각한다.

사실 중요한 건 공교육이냐 대안교육이냐가 아니다. 이웃의 자녀와 내 아이를 비교하면서 불안해하거나 '엄친아'라는 말 따위에 사로잡히지 않고 삶의 중심을 잡는 지혜가 필요하다. 누군가와 비교하면서 근거 없는 불안에 시달리기 시작하면 끝이 없다.

아이의 패턴을 찾아라

보통 부모는 아이의 패턴을 알고 있다. 교사도 아이의 패턴에 따라 대응하며 지도한다. 구슬이 서 말이라도 꿰어야 보배라는 말이 있듯이, 패턴을 찾지 못하면 아이에 관한 여러 가지 귀중한 정보들이 그저 잡다한 나열에 그칠 것이다. 모든 부모는 아기를 키우면서 패턴을 파악하고 그에 맞춰서 양육한다. 언제 잠을 자는지, 언제 깨는지, 어느 때 젖을 물려야 하는지, 이런 패턴을 파악하게 되는 건 부모와 아기가 끊임없이 접촉했기 때문이다. 두 번째 아이의 양육이 쉬운 건 아이에게 패턴이 있다는 걸 알고 요령이 생긴 덕분이다.

패턴을 안다는 것은 앞으로 일어날 일을 어느 정도 예측할 수 있다는 것이다. 따라서 당황하지 않고 적절하게 대응할 수 있다. 또 패턴을 좀 더 이해하면 사람과 자연 현상에서 경이로움을 느낄 수 있는 특별한 안목이 생긴다.

부모와 교사의 소통 혹은 상담이란 서로 파악한 아이의 패턴을 나누는 것이다. 교사는 학교에서 본 아이의 패턴을 나누고, 부모는 가정에서 드러난 아이의 패턴을 나눈다. 부모와 교사가 파악한 패턴을 모아서 퍼즐을 맞추면 아이라는 모자이크가 보다 온전해진다. 조각과 조각 사이의 연관을 찾아서 전체 그림을 맞추는 것이다. 이때 조심스럽게 해석해야 한다. 가끔 한 조각을 보고 전체인 양 단정 짓기도 하고, 그로 인해 새로운 가능성을 놓치기도 한다. 마지막 한 조각을 끝끝내 찾지 못하는 경우도 있다. 이때 겸손한 부모와 교사는 비어 있는 자리를 보고도 뭔가 지침을 얻는다. 우리가 무엇을 모르는지 안다면 문제를 해결할 수 있다.

$1+2+3+4+ \cdots +97+98+99+100 = ?$

사뭇 복잡해 보이지만 패턴을 알면 어렵지 않다. 패턴을 모르는 사람은 열심히 더하기를 하면서도 틀릴까봐 전전긍긍하는데, 패턴을 알고 있는 사람은 여유롭다. 아이의 패턴을 알면 웃으면서 기를 수 있다. 이 과정을 거치면서 그간 자신의 시선이 얼마나 편협했는지 깨닫게 된다.

아이가 크면 나름대로 부모의 패턴을 찾아낸다. 학교에서도 교사의 패턴을 알아챈 아이는 교사의 히스테리에 적절하게 대비하기도 하고, 때론 순진한 교사를 이용해 먹기도 한다. 읽느냐 읽히느냐, 치열한 두뇌 싸움이 시작되는 것이다.

나는 매년 신입생들이 들어오면 내 나름대로 아이 각각의 패턴을 부지런히 찾는다. 사뭇 의뭉스러워 보이는 아이의 패턴을 찾는 작업은 쉽지 않지만 뿌리칠 수 없는 호기심 때문에 오히려 즐기는 편이다. 신입생 교실에 들어가면 대부분 꾸벅 인사를 하는데, 일부러 모른 척하며 하던 일을 계속하거나 노려보는 아이도 있다. 패턴이 드러나는 순간이다. 이때 중요한 건 편견에 사로잡히지 않는 것이다.

패턴을 찾기 위해서는 많이 접촉해야 한다. 수업, 여행, 쉬는 시간, 점심시간, 야외 활동 등 관찰과 접촉에 제한을 둘 필요가 없다.

아이는 경청하는 부모에게 자신의 패턴을 드러낸다. 부모가 조급하면 패턴이 보이지 않는다. 잘 보면 보인다. 어른은 아이를 보지만 못 본다. 현명한 부모는 아이를 안 보지만 본다. 부모의 눈은 이해하는 눈, 포용하는 눈, 공감하는 눈, 깊은 내면까지 뚫고 들어가는 눈이어야 한다.

아이는 부모를 닮는가

부모와 아이는 나눌 수 없는 하나이지만, 인격 판단에 있어서만큼은 부모와 자녀를 분리해서 생각해야 한다. 아이는 부모를 닮기도 하지만 닮지 않기도 한다. 같은 부모에게서 태어난 형제자매라도 많이 다르다. 나는 대안교육에 발을 들여놓은 이래 한동안은 아이를 보고 부모를 판단했고, 또 부모를 보고 아이를 판단했다. 그러다가 언제부턴가 그러지 않으려고 애쓰기 시작했다. 이 변신은 교사 생활 중 가장 잘한 일이라고 생각한다. 아이를 보고 부모를 판단하거나, 부모를 보고 아이를 판단하고픈 유혹이 있었지만 결국 뿌리칠 수 있었다. 아이와 부모를 분리해서 생각할 만큼은 성숙했다고 자부한다.

수십 년에 걸친 교직 경험에 약간의 생물학 지식을 더해 보면 '아이, 새끼, 알'은 제3의 새로운 생명이라고 할 수 있다. 현대 과학은 '그 아버지에 그 아들'이나 '그 어머니에 그 딸'이라는 말이 정확한 표현이 아니라는 사실을 보여 준다. 유전은 부모의 장점만 쏙쏙 뽑아 아이에게 전달하는 것이 아니다. 나아가 이 세상에 완벽한 유전자를 가진 부모는 없으니 누구도 죄책감을 가질 필요가 없다. 그런 부모가 있다고 한들, 완벽한 부모에게서 완벽한 아이가 나올까?

아이는 아이대로 부모의 유전자에 구속되지 않고 자기만의 고유한 운명을 개척해 나갈 책임과 권리가 있다. 아이는 그저 부모가 어떻게 배우고, 일하고, 타인과 관계를 맺는지 보고 배울 뿐이다. 그런 점에서 불행한 부모보다 불완전한 부모가 낫다.

6장 공진화하는 교육의 주체2 _교사

좋은 교사는 하늘에서 떨어지지 않는다

대안학교 교사 수는 공교육 40만 교사의 0.1퍼센트밖에
안 된다. 이 극소수의 교사들이 지난 20년 가까이 말 그대
로 고군분투하며 이룬 성과는 무에서 유를 창조한 기적에
가깝다. 부모와 함께 학교를 만들고 이끌어 온 실질적인
주체임에도 이들의 이야기는 알려진 게 거의 없다. 이제
교사에 대한 이야기를 해 보자.

교사의 자질과 품성에 대해 이런저런 말들이 많지만, 이
게 참 주관적인 것이어서 기준을 정하기 어렵다. 교사가

갖추어야 할 자질을 따지면 한두 가지가 아니다. 물론 사람들이 기대하는 자질과 품성을 모두 갖춘 교사는 존재하지 않는다. 교사 자질에 대한 지나친 관심은 교사의 성공과 실패, 행복과 불행을 전적으로 교사 개인의 능력과 운에 따른 문제로 인식하게 만든다. 위험한 생각이다. 교사 개개인의 능력도 중요하지만, 그보다 전체 교사회의 능력과 공동 책임의 관점에서 바라봐야 한다.

공교육 교사를 뽑는 임용고시와 대안학교의 교사 선발 과정은 무엇이 다른가? 공교육에서 시험 점수가 높은 우등생을 원한다면, 대안학교는 그 사람의 뜻과 열정, 가능성을 볼 뿐이다. 어느 정도 성실한 사람이면 학교에서, 더 정확히는 교사회 안에서 훌륭한 교사로 성장하도록 도울 수 있다. 좋은 교사는 어느 날 갑자기 하늘에서 뚝 떨어지지 않는다. 대안교육 20여 년을 반성적으로 돌아보건대, 좋은 교사를 외부에서 확보하려고 하기보다 학교 안에서 키우는 것이, 곧 교사들이 더불어 성장해 가는 것이 현실적인 방법이다.

그래서 교사를 구할 때 내가 생각하는 첫 번째 기준은 기존 교사회와의 어울림과 보완성이다. 가령 '교사회를 어떻게 꾸리는 것이 좋을까'라는 질문을 던져 보자. 나는 다양한 교사들이 모여 있는 것이 좋다고 생각한다. 남녀노소, 전공과 능력, 관심사와 취향까지 다양한 인간들이 모여 있어야 재미있고 상호 보완이 잘 이루어진다. 참고로, 교사 한 명을 들인다고 해서 그 한 사람만 오지는 않는다. 사람은 사회적 존재라서 그의 주변 인맥이 줄기에 달린 고구마처럼 딸려 온다. 어느 정도의 시간이 지나면 신입교사는 스스로 유무형의 인맥을 학교에 풀어낸다.

몇 년 전부터는 더 과감해져서 이왕이면 이종異種 DNA를 지닌 교사를 찾고 있다. 동종보다는 이종 유전자가 만났을 때 상상력과 창의성이 발휘될 여지가 크다. 불이학교에서는 교사 모집 공고에 학력과 국적을 불문한다는 구절을 꼭 포함시킨다. 온화하고 순종적인 교사만 모여 있거나, 반대로 거칠고 자기 주장이 강한 교사만 모여 있는 학교라면 한계가 명확하다. 별종을 포함한 다양한 교사가 있으면 다양한 아이를 포용하는 데도 한결 유리하다. 다양한 교사가 있으면 그중 누군가하고는 마음이 맞을 가능성이 커지기 때문이다.

아무리 그래도 교사가 되려면 다음과 같은 기본은 갖춰

야 한다고 생각한다. 기본적인 인성, 배우려는 자세, 동료 교사와 협동할 수 있는 마음. 이 세 가지는 쉽게 가르치거나 배울 수 있는 것이 아니다.

교사의 성장을 돕는 학교

현재 불이학교에는 정교사 십여 명과 강사 십여 명이 있다. 강사도 정교사 못지않게 중요하다. 다섯 명이 시합하는 농구에서 식스맨이라는 여섯 번째 선수의 활약에 따라 승패가 갈리듯, 훌륭한 강사진이야말로 불이학교 교사회를 떠받치는 튼튼한 기둥이다. 강사 구성은 주로 정교사 추천으로 이루어지는데, 때로는 지역사회에서 찾거나 학부모의 자원을 받기도 한다. 개교 첫해에 학교를 찾아와서 논어 수업을 하고 싶다고 자원하신 분이 있다. 벌써 10년째, 논어는 물론 동양 고전과 영어까지 동서양을 가로지르며 수업 중이다.

불이학교는 교사 개개인의 자율성과 개성을 존중하면서, 동시에 교사회 안에서 협동하고 상부상조하면서 성장할 수 있도록 돕는다. 교사는 자유로운 단독자인 동시에 아이와 동료 교사와의 관계 속에 존재하기도 한다. 자유로우면서 관계에 얽힌 존재. 얼핏 모순처럼 보이지만, 이 두 진실이 온전히 양립할 때 진정 성장하는 교사가 된다.

이 과정에서 가장 중요한 것이 동료 교사와의 소통과 공감이다. 만약 당신이 교사라면 동료 교사들을 떠올려 보라. 어제 그 교사의 감정에 공감한 적이 있는가? 매일 얼굴을 맞대고 함께 일하는 동료야말로 소통과 공감 1번지가 되어야 한다. 우리는 모두 언어의 마법사가 될 수 있다. 불통하려고 작정하면 한마디 말로도 상처를 줄 수 있고, 소통하려고 마음먹으면 한마디 말로도 상처를 치유할 수 있다. 언어의 마법을 잘 구사하지 못하는 나로서는 불리한 조건이지만, 내가 동료 교사를 신뢰하는 만큼 그도 나를 신뢰할 거라 믿고 오늘도 최선을 다한다. 서로에 대한 믿음이 있으면 실수를 해도 언제든지 바로잡을 수 있다.

대안교육은 교사로부터 시작된다. 대안교육이 추구하는 민주주의, 평화, 생태, 인권 등은 그 가치를 체화한 사람만이 가르칠 수 있기 때문이다. 그러므로 학교는 늘 다음과 같은 질문을 던져야 한다. 교사가 자긍심과 기쁨을 느끼는가? 배움을 주고받으며 성장하고 있는가? 어려움을 겪고 있지는 않는가? 교육 현장에서 실패하는 아이가 없어야 하듯, 실패하는 교사도 없어야 한다.

노파심에 하나 더 이야기하고 싶다. 30년이 넘는 교직 생활을 통해서 얻은 작은 깨달음이 있다. 열심히 배우고 잘 가르치는 것은 일견 자아실현처럼 보인다. 그러나 나는 가르침에 있어서는 교사의 자아실현이 앞서면 안 된다고 생각한다. 자아실현보다는 아이가 먼저다. 실상 거기서부터 가르칠 수 있는 용기가 생긴다. 그러면 자아실현은 저절로 따라온다.

교사회가 곧 교사 양성 과정이다

학교의 이념과 가치는 한 시대의 가치관을 반영할 수밖에 없다. 교육철학과 교육과정은 그 시대와 사회를 올바로 반영하면서 미래에 대한 전망을 제시해야 한다. 지금 대안학교들이 한결같이 차별과 경쟁 대신 다양성과 협동, 전쟁과 폭력 대신 평화과 인권을 내세우는 이유는 그것이 시대의 요청이기 때문이다.

대안교육이 추구하는 가치를 배우고 체화하는 효과적

인 단위가 바로 '교사회'다. 교사회가 곧 교사 양성 과정이며, 교육대학이자 사범대학이다. 체계적이지 않더라도 언제든 동료 교사에 의한, 동료 교사를 위한, 동료 교사의 상호 연수가 가능하다. 교사의 성장을 위한 연수를 일상적인 시간과 공간 바깥에서 찾지 않아도 된다. 대안학교는 지난 20년 가까이 교사회 안에서 실질적으로 교사를 키워 왔다. 그렇지 않았다면 대안학교는 벌써 사라졌을 것이다.

교사회를 넘어 이웃 학교와도 배움을 나눠야 한다. 이렇게 배움과 나눔의 잔치가 곳곳에서 벌어져야 한다. 이것이 대안학교와 교사가 사는 길이다. 현재 대안교육연대를 중심으로 수학, 통합교육, 진로교육 등 각종 연수를 함께하고 있다. 나누고 협동하면 강해진다. 다양한 교사들이 상부상조하는 가운데 뿜어져 나오는 가능성과 힘은 상상할 수 없을 정도로 크다.

교사회의 역량이 학교 발전의 핵심이다. 교사가 자주 바뀐다면 역량을 확보할 수 없고 학교 발전도 더디다. 새로 들어온 교사가 천천히 기존 교사회에 흡수되면서 모두가 하나의 커다란 핵이 되어야 한다. 이 '교사 핵'을 만드는 것이 중요하다. 핵이 자라면서 세포 증식을 하듯 교사회가 자라나기 때문에, 초기의 핵이 안정적으로 자리 잡을 수 있도록 학교 구성원 모두가 힘껏 지원해야 한다.

번아웃 증후군과 슈드비 증후군

대안교육만큼 모험 정신으로 충만한 활동이 또 있을까 싶다. 그야말로 벤처 중의 벤처라고 할 수 있다. 처음 운전석에 앉아 내 손으로 핸들을 잡고 차를 움직였을 때 느꼈던 현기증을 아직도 기억한다. 가야 할 길을 바라보며 두려움과 막막함을 느꼈다. 대안학교에서도 그렇다. '두려움과 배움은 함께 춤출 수 없다'는 말이 있지만, 나는 아직도 학교와 아이들이 두렵다. 동료 교사에게 의존하지 않으면 하루도 버틸 수 없을 것 같다. 단 한 명의 아이도 포기하지 않으려는 동료 교사의 치열함에 저절로 고개가 숙여지곤 한다.

대안교육에 정답은 없다. 내가 외국의 유명한 대안학교나 교육에 크게 관심이 없는 이유는 천성적으로 남을 따라 하는 걸 싫어하기 때문이다. 모방은 안정적이지만 긴장감이 없다. 힘들더라도 우리 풍토에 맞는 교육을 하나하나

만들어 가는 모험이 좋다.

물론 이런 모험이 쉽지는 않다. 대안학교 교사라면 '번 아웃 증후군'이라고도 불리는 소진 상태를 대부분 겪어 보았을 것이다. 한때 대안학교 교사는 일반학교 교사에 비해 세 배 정도 빨리 소진된다는 말이 있었다. 내 경험상 대안학교에서의 노동 강도가 특별히 더 센 것은 아니다. 대안학교 교사는 육체적 피로보다는 정신적인 피로 때문에 힘들어한다. 너무 많은 걸 요구하거나, 부모가 지나치게 교육과정에 간섭하거나, 끝없이 회의를 한다거나 하는 일들이 교사를 지치게 만든다.

대안학교 교사는 일반학교 교사와 달라야 한다는 압박감을 일상적으로 느낀다. 늘 주변의 시선을 의식한다. 자기 검열에서 오는 피로감이 크다. 번아웃 증후군에 이어 '슈드비should be 증후군'이다. "대안학교 교사는 이래야 해", "대안학교 교사가 뭐 저래"라는 지적과 원망을 학교 안팎에서 듣는다. 이런 강박관념에서 다 같이 벗어나야 한다.

그래서 나의 학교 운영 철학에서 가장 중요하게 여기는 것은 대안교육의 고유한 가치와 더불어 교사의 근무 여건 향상이다. 교사의 피로를 덜지 않고는 아무리 좋은 철학이

나 가치도 공염불에 불과하다. 당장 물질적인 대우를 충분히 할 수 없다면 다른 부분에서라도 노력해야 한다. 헌신과 희생을 강조하기보다, 아이를 가르치는 기쁨과 함께 학교를 이끌어 간다는 주인 의식을 느낄 수 있게 도와야 한다. 힘든 여건에서도 열정적으로 일할 수 있는 교사는 의외로 많다. 그들이 자긍심을 갖고 신나게 일할 수 있는 문화와 분위기가 필요할 뿐이다.

회복 탄력성과 개방성

나라고 힘들고 아픈 기억이 없지 않을 텐데, 대안교육판을 떠나지 못하는 이유는 무엇일까? 그동안 내가 거쳐 온 대안학교들을 떠올려 본다. 공동육아 어린이집에서 시작해서, 무주 푸른꿈고등학교(특성화고)와 고양자유학교를 거쳐 불이학교까지 왔다. 상처 받았다가도(내가 받은 만큼 상대방에게도 줬을 것이다) 어느새 또 다른 사랑에 빠질 준비를 하는 모습이, 마치 시지프스 신화와 같은 부조리가 아닌가 싶다. 가벼운 잽만 맞은 건 아니다. 큰 펀치도 맞았지만 주저앉지는 않았다. 어떤 일을 하더라도 이 정도 어려움은

다 겪지 않을까 자위하기도 한다.

일을 하다 보면 당연히 성공과 실패를 겪는데, 어느 쪽이든 결과에 연연하지 않으려고 애썼다. 말하자면 냄비보다는 뚝배기 같은 마음으로 모든 일에 임하고자 했다. 실수를 해도 내 안에 '회복 탄력성'이 있다는 걸 알고 용기를 냈다. 그래서 다음에 실수할 때는 좀 더 괜찮은 모양으로 실수하리라 다짐하곤 했다.

회복 탄력성이란 내가 나를 돕고 치유할 수 있다는 뜻이다. 상처 받고 넘어졌다가도 스스로의 힘으로 다시 일어설 수 있다는 뜻이다. 이는 대단한 축복이다. 회복 탄력성이 있으면 '괜찮은 나', '스스로를 치유하는 나', '상처 받지 않는 나', '나와 타인의 문제를 함께 보는 나', '나와 타인의 문제를 함께 해결하는 나'로 발전해 간다. 대가가 필요 없는 무한리필이다.

주변에서 보면 오래전에 주입된 생각이나 읽은 책 한 권에 여전히 매달리는 사람들이 있다. 그때의 정신세계에 고정되어 있는 것이다. 열심히 책을 읽고 공부를 하는데 그런 경우도 있다. 마음을 닫고 '생각 없이' 공부했기 때문이다. 안타깝게도 '삼인행'의 정신(삼인행필유아사三人行必有

我師, 세 사람이 같이 가면 반드시 나의 스승이 있다)을 모르는 것이다. 그들은 자신을 대하는 타인의 경직된 태도를 보고도 깨닫지 못한다. 이런 태도는 보수든 진보든 가리지 않는다. 자기만의 정신세계에 먼저 갇히는 쪽이 지는 거다.

정신이 진화하는 사람은 평범한 일상에서도 놀랄 줄 안다. 반면 정신세계가 고정된 사람은 더 이상 경탄하지 않는다. "훌륭한 교사는 늘 놀랄 준비가 되어 있어야 한다. 인생에서 가장 나쁜 일은 더 이상 놀랄 일이 없어지는 것이다." 파울로 프레이리의 말이다.

자신의 정신세계에 갇히지 않기 위해 배우고 공부해야 한다. 이때 공부는 학생 때 했던 시험 공부나 직장 다니면서 했던 스펙쌓기 영어, 처세술 공부와는 다르다. 배움은 두려움을 없애고, 관용의 폭을 넓히며, 타인의 말에 귀 기울이게 한다. 삶의 총체적 역량을 키워 준다. 참고로 내가 질병과 노화, 죽음을 두려워하지 않는 건 공부 덕분이다.

교육자는 결코 자신의 정신세계에 갇히지 말아야 한다. 교사가 자기만의 정신세계에 갇히면 아이와 부모가 답답하고 피곤해진다. 교사는 스스로 유일한 기준이 되거나 그 기준을 강하게 내세우지 않도록 주의해야 한다. '아이가 나를 닮았으면', '나만큼만 해줬으면' 하는 바람만큼 위험한 게 없다. 자기 자신이 절대 기준이 되면 자신도 아이도 성찰과 성장이 불가능해진다. '교육의 가장 좋은 결과는 관용'이라는 헬렌 켈러의 말을 기억하자. 교육이라는 것은, 그리고 아이라는 존재는 얼마든지 교사의 이해를 넘어설 수 있다는 사실을 잊지 말자.

더 많은 벗들이 필요하다

생각대로 살지 않고 사는 대로 생각하게 되면, 사람이 잔인해지거나 비루해지는 듯하다. 나치의 홀로코스트 주범인 아돌프 아이히만의 재판을 참관한 한나 아렌트에 따르면, 아이히만은 평범한 동네 아저씨 같았다고 한다. 별다른 성격장애도 없고 오히려 근면 성실했다. 이에 아렌트는 그의 잘못은 단 하나, 바로 '생각하지 않음'이라고 결론내린다.

아이히만을 닮은 유대인들도 있었다. 그들은 가스실로 보낼 유대인 명단을 작성하고, 죽음을 면할 이를 선별하고, 수용소에서 사형을 집행하기도 했다. 그들은 왜 거부하지 않았을까? 아렌트는 이 역시 '생각하지 않음'이라고 결론 내린다. 그들은 양심의 가책을 느끼지 못했다. '악의 평범함(또는 비루함)'을 다룬 아렌트의 책『예루살렘의 아이히만』은 이스라엘에서 금서였다.

세월호가 물속으로 가라앉자 한국 사회의 온갖 문제들이 물 위로 떠올랐다. 생각하지 않는 사회에서 번식한 악이 세월호 침몰과 함께 이 땅에 그 모습을 드러냈다. 내내 우리 곁에 잠복해 있던 것들이었다. 우리 삶은 항상 평범한 악과 동행하고 있다. 그러나 평범한 악이 있다면 평범한 선도 있다. 평범한 선은 소통과 존중, 책임감을 바탕으로 '생각하는 힘'을 지닐 때에나 가능하다.

생각하는 힘이란 곧 배움을 뜻한다. 배움은 인간과 세상을 지속적으로 알아 가는 것이다. 단박에 깨달아서 한 번에 끝나는 공부는 없다. 약 5, 6만 년 전 진화를 멈춘 네안데르탈인은 호모사피엔스와 각축을 벌이다가 사라졌다. 호기심으로 충만한 호모사피엔스만이 호모족 중 유일하게 살아남았다. 배움을 통해 스스로를 성장시키는 것은 호모사피엔스의 운명이다. 공부를 안 해도 알 수 있다면 모를까, 만약 모르는데도 배움을 외면하면 평범한 악이 슬금 슬금 깨어날 것이다.

율곡 이이의 『성학집요』에 참으로 웅대하고 호방한 글
이 나온다.

> 온 세상 사람 눈을 내 눈으로 삼으면 모든 것을 분명히 볼 수 있고,
> 온 세상 사람 귀를 내 귀로 삼으면 모든 것을 똑똑히 들을 수 있으
> 며, 온 세상 사람 마음을 내 마음으로 삼으면 모든 것을 슬기롭게
> 생각할 수 있다.

세상에 눈감고 자기만의 성을 쌓는 사람은 세상을 알
수 없을 뿐만 아니라 반드시 파멸한다. 자신의 성을 부수
고 나와서 이웃과 마주 앉는 것이 곧 살아가는 힘이다. 이
처럼 자신을 확장시켜 이웃과 접속하려면 경계를 넘나들
수 있는 용기가 필요하다. 낯섦과 불편함을 감수할 때 배
움과 각성이 찾아온다. 나의 경우엔 자연과학을 공부할 때
가 그랬다. 처음에는 낯설고 어려웠지만 결국 나의 진짜
모습을 찾을 수 있었다. 기쁨이 해일처럼 밀려왔다.

이 땅에서 처음 대안교육운동을 시작한 이들은 무척 불
안하고 두려웠을 것이다. 그러나 용기를 내어 미지의 땅으

로 걸어가기 시작했다. 무모하고 고집스러워 보이는, 흔들리는 그 한 걸음이 없었다면 오늘의 대안교육도 없다. 20년이 지난 지금, 변화된 환경은 새로운 요구를 한다. 대안교육은 지금보다 훨씬 더 많은 벗이 필요하다. 다른 생각, 미지의 것, 그리고 '웬만한' 사람들과 접속하자. 다양한 경계를 넘어서 지금까지 함께한 적 없는 이웃과 연결되자. 대안교육의 가치를 전파하고 힘을 키우기 위해서만이 아니라, 그것이 선한 길이기 때문이다.

7장 교육 주체들의 조화로운 공전

조화로운 공전과 비대칭성

교학상장敎學相長이라는 말이 있다. 가르침과 배움 혹은 교사와 학생이 서로를 이끌어 주며 성장한다는 뜻으로, 개인적으로 '교육'이라는 말보다 더 낫다고 생각한다. 이 말을 실제로 사용하는 사람을 만난 적이 있다. 내가 근무하던 푸른꿈고등학교에 대학원생 이십여 명이 견학을 왔을 때였다. 학교 여기저기를 다니면서 설명하고 있는데 문득 뒤에서 "교학상장, 교학상장" 하는 말이 들렸다. 순간 깜짝 놀라며 귀를 의심했다. 나중에 알고 보니 조선족 학생이 있었는데, 연변에서는 교육이라는 단어 대신 교학상장을 사용한다는 것이다. 마치 귀중한 화석을 발견한 것처럼 흥분되었다.

대안교육 현장에서는 교학상장을 '교-학-부모 상장'으로 풀어낸다. 아이를 사이에 두고 교사-아이-부모(교육의 3주체)가 함께 성장한다는 뜻이다. 이를 회전하는 천체로 시각화해 보자. 지구의 위치에 아이를, 달의 위치에 부모를, 태양의 위치에 교사를 두면 된다. 3개의 천체가 부딪히지 않고 잘 공전하려면 조화가 관건이다. 뉴턴도 풀기 어려워했던 세 천체의 공전 방정식을 우리가 풀어야 한다. 조화가 어긋나면 반드시 충돌한다.

부조화는 주로 각자의 입장에서만 정보를 해석할 때 일어난다. 부모나 교사 모두 오해가 생기지 않도록 상대방 말을 경청하고 아이의 말 또한 잘 새겨 들어야 한다. 부모보다 교사가 아이를 더 잘 알 수도 있다. 부모는 일관성과 객관성을 갖기 어렵다. 인류의 성현들도 자기 자식은 가르치기 어렵다고 고백했다. 오죽하면 자식을 서로 바꾸어서 가르쳤을까(역자이교지易子而敎之).

교육 3주체가 조화롭게 공전한다고 해서 서로 대칭을 이루는 것은 아니다. 가지고 있는 정보의 양과 질, 경험의 유무, 적극성과 치열함 등이 다르기 때문이다. 우선 아이와 교사의 만남은 비대칭에서 출발한다. 학년이 올라갈수록 비대칭의 정도가 줄어든다. 거의 차이를 느낄 수 없을 정도까지 줄어드는 게 좋다. 아이와 교사 사이의 원초적인 비대칭을 능동적으로 줄여 가는 것이 올바른 방향이다.

그러나 공교육에서는 전 학년에 걸쳐 비대칭이 공고하며, 학년이 올라갈수록 일방성이 강화된다. 학생들의 생각을 고려하지 않은 채 교육내용과 방법을 강제한다. 상호작용이 부재한 교육 현장에서 아이들이 뛰쳐나가는 것은 놀랄 일이 아니다. 반면 대안교육은 교육내용과 방법을 함께 의논하고 결정함으로써 비대칭을 줄여 나간다.

청소년 시기에는 아이-부모-교사 사이에서 '관심의 비대칭'이 뚜렷하게 드러난다. 각자 중요하게 생각하는 것이 달라진다. 아이는 부모의 의도와 다르게 자란다. 부모가 주고 싶은 것을 아이는 받으려 하지 않고, 아이가 받고 싶은 것을 부모는 주려 하지 않는다.

공립 고등학교 교사 시절이었다. 한번은 가출한 아이가 경찰서에 있다는 연락을 받고 부랴부랴 달려갔다가 황당한 말을 들었다. "우리 엄마가 제발 저 좀 그만 사랑하게 해 주세요." 믿음과 이해가 없는 사랑은 아이와 부모 모두 견딜 수 없게 만든다. 아이의 상태를 고려하지 않거나 부모의 욕심이 앞선다면 건강한 사랑이 아니다.

'아이라는 나라'와 '어른이라는 나라'가 대치한 국경선 인근에 긴장이 흐른다. 드디어 진검승부가 시작된다. 한동안 관심의 비대칭으로 인한 충돌과 조정의 기간을 거친다. 이 시간은 거칠고 파괴적이기도 하고 부드럽고 생산적이기도 하다. 아이의 기질과 가정의 문화에 따라 다르지만, 모든 가정이 예외 없이 이 기간을 거치는 것만은 분명하다. 이를 감당하는 일이 양육이고 또한 교육이다. 아이-부모-교사 사이의 비대칭성을 인정하고, 이로 인한 부작용을 감당하면서 새로운 차원의 성숙을 추구하자.

웬만한 사람들과 어울리기

지난 이십여 년 동안 대안교육은 어떤 성과를 올렸을까? 대안교육은 입시경쟁 교육에 파열구를 내어 공교육에 대한 대안을 제시했을 뿐만 아니라 생태, 탈핵, 위안부, 제주 강정마을, 이주노동자, 노동기본권 문제 등을 교육의 영역으로 끌어들였다. 이러한 것들이 어떻게 학교에서 다뤄질 수 있을까? 그 이유는 이것이 좌우 이데올로기가 아닌 인류 생존의 문제이자 인간 양심의 문제이며, 민주공화국 시민으로서 최소한의 책임에 관한 문제이기 때문이다.

두 번째 성과는 사회적 소수자로서의 경험에 있다. 대안교육은 시작부터 사회의 중심에서 벗어나 있었다. 누구한테 떠밀려서가 아니라 스스로 주변부로 이동했다. 그곳에 참다운 삶과 사회 변화를 위한 창조적 에너지가 존재한다고 믿었기 때문이다. 이것이야말로 대안교육의 건강하고 진취적인 자산이다.

그런데 여기서 약간의 부작용이 생긴 것 같다. '우리'라는 집단적 연대감과 더불어 타인에 대한 배제의 가능성이 움튼 것이다. 웬만한 사람들을 받아들이기보다는 웬만한 사람이면 배제하려고 하지는 않았는지 돌아볼 필요가 있다. 과연 '우리'에게 세상을 향한 유연함과 타인에 대한 포용력이 있었던가?

이러한 문제를 극복하기 위해 대안교육의 가치와 신념의 범위를 넓혀야 한다. 이것이 바로 내가 생각하는 '세속화'다. 새는 하나의 날개로 날 수 없다. 한쪽 날개로 날려고 한다면 제자리를 맴돌 뿐이다. 아직도 대안교육 초창기에 대한 향수가 강하게 남아 있다면, 혹시 자신의 정신세계가 그 시절에 고정된 것은 아닌지 진단해 봐야 한다. 요즘 아이, 교사, 부모 들이 변했다고 걱정하기 전에, 스스로 고정관념과 선입견의 함정에 빠지지 않았는지 돌아봐야 할 것이다.

최근 웬만한 사람들과 이야기 나누고 어울리기 힘들다는 대안학교 졸업생들의 고백을 들으면서, 혹시 대안적 가치들이 기계적으로 전해진 것은 아닌지 돌아보게 된다. 대안교육은 아이들에게 이 세상과 부딪치는 기회를 더 많이 제공하고, 누구와도 함께 어울리고 일할 수 있는 감수성을 갖도록 도와야 한다.

이제 대안교육은 자신의 정체성을 분명히 하는 정명운동(고체 혹은 고정성)과 이웃에게 문을 활짝 여는 세속화(액체 혹은 유동성)라는 양 날개로 날아야 한다. 정명운동이 가치와 신념을 공유하는 이들이 서로를 확인하는 것이라면(배타적 연대), 세속화는 웬만한 사람과 함께 살아가며 일할 수 있는 능력(포용력)을 말한다. 웬만한 사람들과 함께 웬만한 일을 할 수 있는 것은 훌륭한 능력이다. 이를 위해서는 기존의 교육철학에 동의하는 사람들로만 학교를 가득 채워서는 안 된다. 더불어, 서로 다른 점에 주목하기보다는 비슷한 점을 먼저 보려고 애써야 한다.

누가 아이를 소유하고 있는가

여기 드넓게 펼쳐진 호밀밭이 있고 아이들이 즐겁게 뛰놀고 있다. 『호밀밭의 파수꾼』이라는 소설이다. 호기심에서 이 책을 읽다가 뜻밖의 멋진 문장을 발견했다. 책 제목이 신기해서 읽기 시작했기에, 과연 어디에서 '호밀밭의 파수꾼'이라는 말이 나올지 궁금했다. 이 말을 찾느라고 정독하다가 거의 마지막 부분에서야 찾을 수 있었다.

나는 늘 넓은 호밀밭에서 꼬마들이 재미있게 놀고 있는 모습을 상상하곤 했어. 어린애들만 수천 명 있을 뿐 주위에 어른이라곤 나밖에 없는 거야. 그리고 난 아득한 절벽 앞에 서 있어. 내가 할 일은 아이들이 절벽으로 떨어질 것 같으면 재빨리 붙잡아 주는 거야. 애들이란 앞뒤 생각 없이 마구 달리는 법이니까 말이야. 그럴 때 어딘가에서 내가 나타나서는 꼬마가 떨어지지 않도록 붙잡아

주는 거지. 온종일 그 일만 하는 거야. 말하자면 호밀밭의 파수꾼이 되고 싶다고나 할까. 바보 같은 얘기라는 건 알고 있어. 하지만 내가 정말 되고 싶은 건 그거야.

아이가 자연에서 즐겁게 뛰노는 모습을 상상해 보지 않은 교사는 없을 것이다. 중요한 건 안전하게 뛰노는 것인데, 지금 우리 사회에서는 아이가 아무리 조심스럽게 놀아도 절벽으로 떨어지는 걸 피할 수 없다. 안전불감증에 걸린 무책임한 사회에서 땅과 하늘과 바다 어디도 안전하지 않다. 아이의 힘만으로는 현혹하는 광고와 상품에서 벗어날 수 없다. 호밀밭의 파수꾼 노릇도 쉽지 않다.

오늘날 누가 아이를 소유하고 있는가? 낳고 기른 부모인가? 아니다. 기업과 상품이 아이를 소유하고 있다. 돈이 주인인 이 시대는, 아이를 새로운 형태의 노예로 만들고 있다. 이제 아이는 주요한 고객이 되었다. 사교육, 정크푸드, 게임 등 소비를 유도하는 다양한 문화가 아이들의 삶을 심각하게 해치고 있다.

아이의 징징거림조차 기업에게는 좋은 광고 소재가 된다. 그들은 아이가 떼쓰는 것도 예술로 승화시키는 탁월한 재능을 보여 준다. 상품을 팔기 위해서다. 전 세계 마케팅 업체는 아이와 청소년을 주요 표적으로 삼는다. 알랑거리고 협박하고 죄책감을 자극하는 상술 앞에서, 아이와 부모는 골리앗에 맞서는 다윗과 같다.

최근 미국의 한 연구에서 5세 아이들에게 당근, 우유, 사과 주스 같은 음식에 대한 평점을 매기도록 했다. 결과는 충격적인데, 아이들은 똑같은 음식이라도 패스트푸드 포장지에 싸여 있으면 더 높은 점수를 주었다. 아이들은 링컨 대통령은 몰라도 KFC 할아버지는 안다. 또 영국에서는 저명한 심리학자, 교육자, 동화 작가 220명이 정부에 공개서한을 보내, '유년 시절의 죽음'을 막기 위한 즉각 조치를 취하라고 요구했다. 상품의 유혹 속에서 유년 시절이 점차 줄어들고 있음을 경고한 것이다.

아이를 지키는 지혜로운 파수꾼, 마을

오늘날 아이는 도처에서 절벽을 마주한다. 곳곳에 도사린 절벽에서 아이가 떨어지지 않도록 막아서고 도와주기에 벅차다. 힘이 부족함을 느낀다. 파수꾼 역할을 제대로 하려면 많은 이들과 연대해야 한다.

언제부턴가 아이가 친구와 놀고, 어른과 만나고, 먹거리와 배울거리를 나눌 수 있는 마을이 하나둘 생겨나고 있다. 아이를 제대로 교육하려면 마을이 필요하다. '마을이 학교다', '한 아이를 키우려면 마을 전체가 필요하다'는 말이 있다. 마을도 아이가 없다면 활력을 띠기 어려울 뿐만 아니라 존립조차 힘들 것이다. 그러므로 마을에는 활력을 불어넣고 중심을 잡아줄 학교가 필요하다.

나는 대안학교와 마을이 만들어지고 성장하는 시점이 거의 일치하는 것에 주목한다. 불이학교는 공동육아 어린이집을 졸업하고 방과후 학교에 다니던 아이들의 부모들로부터 시작되었다. 대부분 그 지역에 뿌리를 내리고 살아가는 사람들이었고, 이미 마을이 형성될 조짐이 있었다.

점차 마을공동체 모습을 갖추어 가는 불이학교는 고양시 일대에 자리 잡고 있다. 학교가 문을 열기 전 이곳엔 이미 세 곳의 공동육아 어린이집, 초등 대안학교, 유기농 반찬 가게, 어른 독서토론 모임 등이 있었다. 또 여성민우회, 한살림, 생협 등도 주변에 있었다. 이 단체들이 함께 모여 십 년 넘게 해마다 '고양 파주 공동육아 어린이집 대안학교 한마당' 행사를 열고 있다.

불이학교를 시작하기 전까지는 공동육아 어린이집과 초등 대안학교를 졸업한 아이가 진학할 만한 중등학교가 없어서 멀리 기숙학교에 가거나 이사를 가야 했다. 그러다 가 불이학교가 생기면서 퍼즐의 마지막 조각이 맞춰지듯 마을이 완성되었다. 더불어 지역의 교육적, 문화적, 경제 적 역량이 모이기 시작했다.

'책에 바람난 사람들'이란 뜻의 '책바람'과 불이학교 도 서반 학생들은 매년 합동 독서토론회를 연다. 어른과 함께 책을 읽고 토론하면서 '우리가 한동네에 살고 있구나'라 고 느끼는 것이다. 또 느티나무도서관에서 매년 개최하는 봄맞이 행사에는 불이학교 학생과 교사, 부모가 함께 출연 한다. 동네의 다양한 행사에서 시를 발표하고, 춤을 추고, 함께 뮤지컬에 출연하면서 마을에 대한 자부심과 소속감 을 얻는다.

한국에서 교육은 여전히 먹거리, 환경, 복지, 일자리 등 의 사회적 주제를 연결한다. 서울 성미산마을, 삼각산재미 난마을, 과천 무지개마을 등을 보면 대안학교가 자연스럽 게 마을의 중심 역할을 한다. 즉 아이들이 마을의 핵심 고

리인 셈이다. 마을이 아이들을 키우고, 또한 아이들이 마을을 키운다. 아이들로 인해 어른들의 삶도 풍성해진다.

3

진화하는
교육

교육을 통해서 아이를 원하는 모습으로 만들 수 있지만,
때로는 어떤 교육을 하더라도 아이를 어쩌할 수 없기도 하다.
바로 이 간극이 아이가 스스로 올곧게 성장할 수 있는 지점이다.

8장 교육에서의 자유와 가치 그리고 학습

자유라는 딜레마

아이는 자유로워야 한다. 아이가 경쟁적이지 않을 때,

두려워하지 않을 때, 교육은 새로운 의미로 다가올 것이다.

_존 듀이

'자유'민주주의, '자유'무역협정, 신'자유'주의, '자유'총연맹, '자유'학교, 진리가 너희를 '자유'케 하리라. 여기 쓰인 자유는 다 같은 의미일까? '자유'는 교육 전반에서 논쟁적인 주제이다. 이는 교사라면 누구나 씨름하면서도 누구도 자신 있게 정답을 주장하기 어려운 난제다. 자유는 인간이 도달해야 할 이상향인 동시에, 날마다 부대끼는 힘든 일상이기 때문이다.

부모와 교사라면 강제와 방임, 그리고 자유 사이의 미묘한 차이로 고민해 보았을 것이다. 아이에게 어느 정도의 자유를 주어야 할지 공식처럼 정해진 비율이 있는 게 아니니까. 나는 일체의 개입과 간섭을 거부하는, 방임에 가까운 자유는 생각해 본 적이 없다. 그 대신 매 순간마다 약한 강제와 어정쩡한 방임, 그리고 넓은 자유 사이에서 적절한 지점을 찾아다녔다. 이때 '적절한 지점'이란 그때그때의 구체적 맥락에 따라서 달라지는 열린 선택지다.

자유는 교육의 기본 전제이자 필요조건이다. 탁월함은 열정에서 나오며, 열정은 자유에서 나온다. 자유로운 영혼을 지닌 아이에게 자유가 주어지지 않으면 교육은 성립하지 않는다. 그건 교육이 아닌 교화와 길들임이다.

자유로운 분위기는 중요하다. 아이가 존중받는, 비폭력적이며 우호적인 분위기 말이다. 이를 위해 아이에 대한 존경과 예의를 갖추어야 한다. 초등 대안학교에서는 흔히 '지나친 자유를 주는 것 아니냐, 그런 방식은 방임 내지 방치에 가깝다, 버릇없는 아이를 키운다'는 말을 듣곤 했다.

하지만 아이를 망치고 싶은 교사는 없다. 자유가 없거나 너무 방임해서 망치면 망쳤지, 자유로운 분위기 속에서 아이가 망가질 리 없다. 초기에는 많은 대안학교 교사들이 자유와 방임의 경계에서 헷갈려했던 것도 사실이다.

자유만으로는 교육이 성립하지 않는다. 즉 자유는 교육의 충분조건이 아니다. 교육은 그 이상의 무언가가 필요하다. 한국 사회는 흔히 자유라고 하면, 자유방임 같은 이미지를 먼저 떠올린다. 여기서부터 혼란이 시작된다. 이를 극복함으로써 자유에 대한 한 단계 성숙한 논의로 나아가야 한다. 앞서 말했지만 나는 한번도 교육에서의 자유를, 아이가 제멋대로 하게 내버려 두거나 방치하는 것이라고 생각한 적이 없다. 또 단순하게 자유만을 강조하는 교사나 부모를 본 적도 없다.

1970년대 영국에서 맹렬하게 전개된 자유학교운동에 참가했던 교사는, 자신들이 교육과정에는 너무나 무지했다고 고백한다. 단순히 아이에게 자유를 주기만 하면 나머지는 자연스럽게 해결되리라고 맹신한 것이다. 그래서 아침에 학교에 모여서 "오늘은 뭘 하지?" 하며 무기력에 빠지고 말았다는 것이다. 이런 문제가 결국 운동을 장기적으로 이끌어 가는 데 걸림돌이 되고 말았다. 다시 말하지만, 교육에서 고려해야 할 요소는 자유만이 아니다.

가치를 어떻게 가르칠까

교육에서 가치의 문제는 '어떤 아이, 즉 어떤 사람으로 키울 것인가'의 문제이다. 공교육도 그렇지만 대안학교도 저마다 아이를 이렇게 혹은 저렇게 키우겠다는 철학이 있다. 그리고 그 철학에 맞춰 교육과정을 짜고 아이를 가르친다. 분명 훌륭한 일이지만, 조심스럽게 접근해야 할 측면도 있다.

어떤 사람은 대안학교에 여전히 '가치'가 부족하다고 지적하지만 나는 대외적인 홍보용 가치가 넘쳐 나는 건 아닌지 우려된다. 가치를 내면화한 인간을 기르는 것은 마땅하고 올바른 일이지만, 가치에 대한 강박증에서 벗어날 때 오히려 더 가치에 충실한 교육이 이루어질 수 있다. 즉 올바른 가치를 추구하되 신념에 갇히지 말아야 한다.

한때 대안교육 판에 '빨간약(교육의 가치) 대 파란약(사회의 가치) 논쟁'이 있었다. 이를 촉발시킨 대안학교 졸업생의 지적은 마음 깊이 새겨 두어야 할 쓴 약이다.

내가 말하고 싶은 것은 '왜 나를 주류 사회에 맞게 키우지 않았어요?'가 아니다. 다만 다른 삶을 꿈꾸면서도 '이 세상이 무조건 나쁜 것이 아니고, 좋든 나쁘든 옳든 그르든 여기에서 살아야 한다'는 것을 알았을 때 더 지혜로운 사람이 된다는 것이다. 내가 절대진리라고 믿던 온갖 가치들에서 자유로워지자 세상을 먼저 받아들이는 자세를 취할 수 있게 되었고, 스스로의 힘으로 진리와 삶의 방식을 고민할 수 있었다. _격월간 『민들레』 71호, 성유진 글 중에서

어른은 교육을 통해서 아이를 원하는 방향으로 만들 수 있지만, 때로는 어떤 교육을 하더라도 아이를 자기 마음대로 할 수 없기도 하다. 바로 이 간극이 아이가 스스로 올곧게 성장할 수 있는 지점이다.

대안학교를 선택한 건 부모의 의지일 뿐 아이의 뜻은 아닐 수 있다. 대안학교에 다니는 아이도 보통의 아이와 같은 고민을 하고 사춘기를 겪는다. 아이의 정체성은 어른이 만들어 놓은 조건이 아니라, 그 조건 속에서 자라는 아

이의 주체적 판단에 의해 결정된다. 스스로 판단할 수 있도록 격려하고 신뢰하면 된다. 아이 입장에서 올바른 길, 자기의 길을 찾아가며 부딪치고 넘어질 수 있도록 기다려야 한다. 대안학교에 다니는 짧은 기간에 모든 것이 결정되진 않는다.

왜 지금의 대안교육 진영에서는 세상에 대해 이야기하는 것을 꺼릴까? 왜 자신들만의 성 안에서 열심히 이상을 이야기하는 데만 골몰할까, 왜 파란약은 숨기고 빨간약을 먹이려고만 할까, 하는 새로운 질문이 생겼다. _같은 글 중에서

충격적인 얘기다. 야스퍼스의 표현을 빌리면, 지난 세기 동안 학교 안팎에서 이루어진 교육은 '기술을 가진 네안데르탈인'을 키우는 시장터였다. 많은 지식과 정보를 지닌 야만인을 기르는 교육이었다. 그래서 더더욱 대안학교에서는 세상에 대해서 열심히 이야기했다. 위안부, 이주노동자, 장애인, 비정규직 노동자 등 우리가 살아가는 사회의 중요한 문제들을 거리낌 없이 이야기했다.

그런데 정작 아이는 세상을 숨겼다고 따지고 있다. 어

른이 숨긴 세상을 궁금해한다. 무엇이 옳고 그른지, 어떻게 세상을 살아갈지 스스로 결정하려 한다. 이러한 자세야말로 올바르게 공부하는 태도일 뿐만 아니라 더 풍요로운 삶 그 자체다.

대안교육을 받았다고 해서, 모두가 대안적 가치를 습득한 사람이 되지는 않는다. 열이면 열 같은 사람이 될 수는 없다. 과거 군사정권 아래서도 모든 사람이 군사문화의 가치로 물든 신민이 되지 않았다. 왜냐하면 인간에게는 '자유'가 있기 때문이다. 이것이 학교에서 가르치는 대로 자라는 아이뿐만 아니라, 방황하고 일탈하는 아이에게도 똑같은 희망과 믿음을 갖는 교육적 근거다.

마지막으로, 재미난 일화 하나를 소개한다.

아들이 아버지에게 물었다.

"아버지는 언제나 아들보다 더 많이 아나요?"

"그렇지."

"증기기관은 누가 발명했는지 아세요?"

"제임스 와트 아니니?"

"그런데 왜 제임스 와트 아버지는 발명하지 못했죠?"

앞선 세대가 항상 더 많이 알고, 더 올바른 것은 아니다. 그러므로 지켜보고 기다려야 한다. 아이에게 어떤 사람이 되라고 조언할 수는 있지만 강요해서는 안 된다. 교사나 부모가 교육목표를 일방적으로 정해 버리면, 아이에게서 결정권을 빼앗는 것이다. 아이가 어떤 사람이 되어야 할지를 교사가 정하는 꼴이다.

나는 이런 점이 계속 마음에 걸려서, 유연한 교육관, 여지를 남겨 놓는 교육관을 추구하게 되었다. 교육목표를 꽉 채우지 말고 어느 정도 비워 놔서, 언제든 아이가 빈칸을 채워 넣을 수 있게 하려는 것이다. 교사 자신이 가장 아름답다고 생각하는 눈코입이 아닌, 아이가 원하는 눈코입을 그려 넣게끔 해야 한다.

틀에 갇히지 않는 자유로운 탐구 _교양교육

우선 개념 정리부터 하자. 보통 대학에서는 신입생에게 교양교육을 실시한다. 내가 대학생일 때는 아예 1학년은 공통 교양과목만 수강했다. 한편 적지 않은 대학교수들이 '요즘 신입생은 교양과목을 듣느라 공부를 소홀히 한다'는 생각을 가지고 있다고 한다. 무언가 착각하는 듯하다. '교양 있다, 교양 없다' 할 때의 교양과 대학에서 말하는 '교양과목, 교양교육'의 교양이 서로 다른 의미라는 사실을 모르기 때문일 것이다.

하버드 대학의 2007년 보고서에 의하면 '하버드 교육의 목적은 리버럴liberal 교육을 실시하는 데 있다'고 한다. 리버럴교육이 바로 교양교육인데, 리버럴을 교양이라고 느슨하게 번역해서 오해가 생긴 것 같다. 둘 다 '자유'로 번역되는 freedom과 liberty를 살펴보자. freedom이 개인적 차원의 자유라면, liberty는 사회적 합의를 거쳐서 보장된 자유다. liberty는 독립적으로 사유하고 자신의 행복을 추구하며, 인간다운 삶의 질을 유지하기 위한 평등한 자유다. liberty를 지키기 위해서는 민주주의가 필요하고, 사회구성원으로서 갖추어야 할 기본적인 지식과 소통하는 기술을 알아야 한다.

이 지식과 기술을 익히는 것이 바로 리버럴교육, 교양교육이다. 우리 사회에서 흔히 말하는 교양과는 많이 다르다. 상식적 잡학 수준의 '교양'을 배우는 게 아니라, '틀에 갇히지 않는 자유로운 탐구'를 하는 교육이다. 기존의 사고방식으로 굳은 머리를 망치로 깨는 교육이다. 현재 제도권 학교 밖에서 유행하는 인문학 공부가 여기에 가까워 보인다. 앞서 말한 보고서에서는 보편적 교양교육의 성격과 목표를 다음과 같이 정의한다.

교양교육의 목표는 누구나 믿고 있는 사실을 흔들고, 익숙한 것을 낯설게 만들며, 겉으로 드러난 현상의 배후에서 일어나는 일을 폭로하고, 인간의 지적 능력을 향상시키고, 젊은이들의 방향감각을 혼란시켜 그들이 다시 방향을 잡을 수 있도록 도와주는 것이다.

특히 교사가 깊이 새겨들어야 할 말이다. 그래서 나는 모든 학습을 비판적이고 균형 있게 가르치고 배워야 하는 '교양교육'으로 여긴다.

지식의 재구성 _지식교육

학교교육을 좋게 보면 '인류 역사에서 가치 있고 귀중하다고 여겨지는 문화유산을 체계적으로 가르치는 활동'이라고 하겠다. 하지만 가르치는 내용이 주로 서양의 주류

학문이다. 이는 근대와 전근대, 유럽과 유럽 외 지역, 문명과 야만 사이에 선을 긋고 서양 중심적 사고를 조장해 왔다. 재고하지 않을 수 없다. 지금 내 앞에 있는 아이에게 적절하고 또 필요한 내용을 직접 결정해야 한다. 국어, 영어, 사회, 수학 등 익숙한 과목을 의심하고, 특히 과목 간에 배분되는 시간을 새롭게 조정해야 한다. 아이에게 가르칠 지식을 직접 고르는 일은 즐거운 정치적 활동이다.

한국 사회는 조선시대 이래 지금까지 철저한 지식(중심)사회였고, 그 결과 엘리트와 민중이 철저히 나뉘는 계급사회가 되었다. 지식사회는 부동의 계급사회다. 조선시대 과거제도와 일제강점기 고등문관 시험, 지금의 사법고시와 행정고시까지 지식을 통한 계층 상승의 사다리가 작동해 왔다. 학교에서 배우는 지식은 학력인 동시에 권력과 돈벌이를 위한 수단이었다. 곧, 지식은 최상의 경쟁력이었다.

지식은 무지를 깨치는 해방자인 동시에 민중을 억압하는 치명적인 독이기도 했다. 조선시대 민중의 삶을 외면한 성리학자, 일제강점기 친일파 지식인, 군부독재 시절 정권에 협조한 지식인들 그리고 지금도 개인의 부귀영화를 위해 지식을 사고파는 데 몰두하는 지식인들이 많다. 이런 지식과 지식교육에 대한 성찰이 필요하다. 교육의 내용과 방향을 잘 벼려야 한다.

대안학교에서 지식교육을 외면하거나 방치한 적은 없다. 다만 기존 교과서의 박제된 지식을 가르쳐야 할 필요성을 느끼지 못했을 따름이다. 지식교육에 있어서 낙오자는 없어야 한다. 공부는 경쟁에서 이기기 위한 것이 아니라, 자신의 전 생애에 걸쳐 살아가는 힘을 기르는 것이다. 아이가 무엇을, 언제, 어떻게 배우고 싶어 하는지가 중요하다. 그 연장선상에서 지식에 대한 정당한 욕구가 생겨나기 때문이다. 대안학교는 어떻게 하면 아이가 더 즐겁게 배울 수 있을지, 다양한 지식을 통섭적으로 이해할 수 있을지를 고민해 왔다. 입시와 출세를 위해서가 아닌, 자신과 세상을 제대로 이해하기 위한 지식을 가르치려다 보니 좀 느리게 보이는 것뿐이다.

완성된 교육과정은 없다. 시대에 뒤처진 낡은 것은 빼고, 새롭고 이로운 것은 보탠다. 이때 힘을 모을 필요가 있다. 이미 몇몇 대안학교는 '학교 간 협동학습'을 통해 수준 높은 지식교육을 고민하고 있다. 아이를 공자와 맹자, 원효와 정약용, 소크라테스와 플라톤, 뉴턴과 아인슈타인 같은 거인의 어깨 위에 올려 놓고 더 멀리, 더 넓게 볼 수 있도록 도와야 한다. 거인의 어깨 위에서 세상을 보는 것은 새로운 산꼭대기에 서는 것과 같다. 교사는 아이가 거인의 어깨에 올라탈 수 있도록 돕는 발판이다.

지식과 가치는 두 마리 토끼가 아니다

의욕이 앞섰던 대안교육 초창기에 부모와 교사들은 가치와 자유, 교육과 배움 사이에서 혼란스러워했고 나 또한 그랬다. 논쟁 끝에 학교가 갈라지기도 하면서 아이들은 고래 싸움에 등 터지는 새우 꼴이 되었다. 교사와 부모 사이에서 공방이 벌어지는 동안 아이들은 무척 피곤했을 것이다. 모두의 고민 지점이 달랐다.

가장 큰 혼란은 자유에 대한 것이었다. 학교가 들어선 동네 주민들 입에서 '대안학교 학생은 버릇이 없다'는 말이 터져 나왔다. 마을에서 경원시하기 일쑤였다. 아이를 어디까지 자유롭게 두어야 하는지, 가치를 얼마나 강조해야 하는지 혼란스러웠다. 지식이나 학습도 그랬다. 입시교육을 비판한 것까지는 좋은데, 목욕물을 버리면서 아이를 함께 버리는 우를 범하지는 않았는지 혼란스러웠다. 개인적으로는 졸업생들로부터 '공부할 몸이 만들어지지 않았다'는 고백을 들으면서 고민이 심화되었다. 물론 일반학교처럼 보충수업과 야간자율학습을 겪어야 공부할 몸이 만들어진다고는 생각하지 않는다. 동기부여가 되고, 인격과 자율성을 존중받을 때 공부하는 몸을 위한 기본 조건이 갖추어진다.

지금 돌이켜 보건대, 이 혼란의 근본 원인은 가치, 자유, 지식, 학습을 따로따로 분리해서 생각했기 때문이 아니었을까 싶다. 가치 추구와 지식 습득을 둘로 나누고 우열을 매길 수는 없다. 둘 다 서로를 떠나서는 성립할 수 없다. 가치가 없는 지식은 위험하고, 지식이 없는 가치는 공허하다. 지식교육과 가치교육은 한 마리를 쫓으면 다른 한 마리를 놓치게 되는 두 마리 토끼가 아니라, 교육을 떠받치는 두 기둥, 하늘을 나는 새의 두 날개라고 보아야 한다.

가치교육도 지식교육도 중요하지만, 나는 교육에서 진검 승부는 생활교육에서 이루어진다고 생각한다. 가치와 지식 사이에 생활이 있다. 내 경험에 의하면, 생활교육이 가치교육이나 지식교육보다 먼저라고 분명히 말할 수 있다. 지식교육은 조금만 노력하면 누구나 할 수 있지만, 생활교육은 그렇지 않다. 지식교육이 간단한 오목이라면 생활교육은 복잡한 바둑이다.

놀랍게도 걸레 짜는 법을 모르는 아이가 적지 않다. 청소의 가치를 체득할 기회를 한 번도 갖지 못한 것이다. 청소, 설거지와 같은 일은 자기 삶을 바로 세우는 밑바탕이다. 가끔 심성이 망가질 대로 망가지고 생활습관도 엉망인 아이가 편입을 해 이제 겨우 학교생활에 적응하고 있는데, 부모는 아이가 '아직도' 학습을 안 한다며 추궁하는 경우가 있다. 실로 안타까운 일이다.

인문학과 자연과학의 두 눈으로 보기

몇 해 전 도시형 대안학교 교사를 대상으로 '대안학교에서 자연과학 공부의 필요성'이라는 주제로 발표를 한 적이 있다. 호기심이 발동한 나는 그 자리에 오신 선생님 중 이과 출신만 손을 들어 보라고 했다. 과연 몇 명이나 손을 들지 궁금했다. 당시 열댓 개 학교에서 오신 스무 명의 교사 중 딱 한 분이 손을 들었다. 충격이었다. 간단한 조사였지만 많은 의미가 담겨 있었다.

왜 대안학교에는 자연과학에 관심 있는 교사가 적을까? 왜 자연과학을 가르칠 수 있는 교사를 적극적으로 찾지 않을까? 이는 자연과학에 대한 개념과 인식이 부족하기 때문이다. 한국 사회는 인문학을 중시하고 상대적으로 자연과학은 소홀히 취급한다. 대안학교는 인문학으로 심하게 경도된 우리 사회의 축소판이다. 학교에 과학 교사가 없는데 어떻게 과학 수업이 이루어질까? 교사와 부모는 확실한 문제의식을 가져야 한다.

그동안 우리는 자연과학을 어떻게 생각해 왔을까? 첫째, 대부분의 아이는 과학을 싫어한다. 둘째, 과학은 물리, 화학, 생명과학, 지구과학 등으로 나누어 가르쳐야 한다. 셋째, 아이의 적성은 문과와 이과로 나뉜다. 모두 낡고 뒤처진 사고방식이다. 이를 극복하는 묘수는 문과, 이과를 나누지 말고 '재미있는 이야기로 가득한' 과학 수업을 하는 것이다. 과목 간 구분을 없애고 융합적으로 가르치며 스토리텔링을 활용한다면 이런 과학 수업이 가능하다. 교육부에서 7차 교육과정을 개정하며 융합과학을 제시했지만, 일반학교 현장에서는 준비가 부족해 실제 수업을 진행하기 어렵다.

학생은 고등학교 때 문과와 이과 중 하나를 선택하고, 그후 다른 쪽은 모르쇠로 일관한다. 한국 사회에서 문과를 나온 학생은 대부분 그후 평생 자연과학을 공부할 기회가 없을 것이다. 심각한 지적 불균형이다. 필독도서나 추천도서 목록에도 자연과학 책은 많지 않다. 한국 사회는 자연과학과 뇌과학 분야에서 세계적인 석학들의 지적 사유를 향유하지 못하고 있다. 반면 자기계발과 처세술 분야는 과잉 상태다.

다른 동물과 마찬가지로 사람은 왼쪽과 오른쪽 두 개의 눈으로 본다. 한쪽 눈으로만 보는 세상은 불완전하다. 인문학과 자연과학이라는 두 개의 눈으로 세상을 봐야 한다. 자연과학에 기초한 물리적 세계관과 인문학에 바탕을 둔 심미적 세계관이 만나서 조화로운 세계상을 만들어 낸다. 어린왕자의 심미적인 별과 천문학자의 핵융합하는 별이 만나야 하는 것이다.

대안학교는 인문학과 자연과학을 균형 있게 공부할 수 있는 좋은 조건을 갖추고 있지만, 아쉽게도 그 조건을 잘 살리지 못하고 있다. 훌륭한 인문학 수업은 많지만 자연과학 수업은 부족하다. 그래서 나는 몇 해 전부터 교사들과 함께 자연과학 공부모임을 만들고 융합수업도 시도하고 있다.

공교육도 아프기는 마찬가지다. 자연과학과 담을 쌓은 문과생들이 불행하듯 인문학과 만나지 못하는 이과생들도 불행하다. 다음은 고등학교 때 좋아하던 사회 과목과 생이별을 해야 했던 한 이과생의 고백이다.

나는 어렸을 때부터 수학과 역사를 좋아했다. 하지만 고2가 됐을 때 이과나 문과 중 하나를 정해야만 했고, 고심 끝에 이과를 선택했다. 그후 나는 좋아하던 사회 공부를 억지로 그만두었다. 이과 학생이 대학에 가려면 사회가 아닌 수학과 과학 점수가 필요했기 때문이다. 사회는 나의 관심사였지만 대학입시 관계자의 관심사는 아니었다.

지금은 마음껏 듣고 싶은 사회 관련 교양을 들으면서 고등학교 때 느껴 보지 못했던 행복을 누리고 있다. 공부를 하면서 그동안 다른 세계였던 수학과 사회가 그렇게 멀리 떨어진 과목이 아니라고 느낀다. 고등학교에서는 두 과목이 마치 상극인 것처럼 배운다.

근본적인 문제는 학생이 넘나들 수 없도록 금을 그어 놓았다는 점이다. 지금 이 순간에도 좋아하는 과목과 가슴 아픈 이별을 해야 하는 학생들이 존재한다.

우주배경복사(빅뱅 후 38만 년, 수소와 헬륨 원자가 만들어진 직후에 우주로 뻗어 나간 빛으로 현재 전 우주에 퍼져 있는 빅뱅의 흔적)에 관한 연구로 노벨상을 수상한 조지 스무트 교수는 이화여대 석좌교수로 있는 동안 자연과학을 전공하는 학생에게는 인문학을, 인문학을 전공하는 학생에게는 자연과학을 가르쳐야 한다고 줄곧 강조했다.

기초과학을 통해 학생의 논리력이 향상되고 비판적 사고가 형성되면서 창의력이 나옵니다. 예를 들어 천체물리학은 우주를 배우는 데 그치지 않고 논리적 사고를 싹트게 합니다. 최근의 이슈인 환경이나 에너지 문제도 물리학을 알면 더 치밀하게 에너지를 관리하고 오염에 대처하는 방법을 알 수 있습니다.

교육에서 과학의 역할과 인문학의 역할 사이에 있는 해묵은 대립을 해소해야 합니다. 과학과 인문학의 통합된 지식은 우리가 사는 세상이 아름답고 놀라울 뿐만 아니라, 지구가 연약한 행성이라는 사실 속에 모든 젊은이를 융합시키는 역할을 할 수 있습니다. 과학은 범세계적 문화이며 지구 어느 곳에서도 똑같고, 우주 어디에 있든 간에 우리가 채택해야 할 교육의 주된 내용이어야 합니다. 특히 학생에게 과학을 잘 가르치면, '인류가 무엇을 발견해 왔는가'를 놀라움과 신비로움 속에서 알게 되고, '무엇을 더 배워야 하는가'라는 질문을 무럭무럭 키워 갈 것입니다. 바로 이것이 과학에 근거한 21세기 교육의 가장 깊은 목적입니다.

자연과학 공부는 단순히 어떤 공부를 하는 것 이상의 깊은 뜻을 갖는다. 아주 오래된 과거부터 현재에 이르는 지구의 전 역사를 이해하는 것은 우리 행성을 더 현명하게 관리하고 인간 사회를 보전하는 데 필수적인 조건이다. 넓어진 지평을 통해 인간과 다른 생명체들 간의 연대, 나아가 인간과 전체 자연계 간의 연대를 이룰 수 있다.

한국 사회에서 과학이 할 일이 참 많다. 점점 더 기승을 부리는 비열한 인종주의, 계층과 지역 간 불평등, 기술의 악용 등에 맞서기 위해 과학이 필요하다. 과학의 엄정성은 가능한 빨리 시민사회가 손에 넣어야 할 필수불가결한 무기다. 과학자는 정의와 평등의 파수꾼이 될 수 있고, 교사는 편견과 고정관념에 대항하는 전사가 될 수 있다.

내가 뒤늦게 만난 과학은 정직하고 겸손해서 아름다웠다. 명료함을 추구하는 과학과 과학자가 항상 옳은 것은 아니다. 절대적인 올바름을 주장하는 것은 과학이 아니라 오히려 종교다. 과학적 사실은 새로운 사실이 발견될 때마다(가령 천동설에서 지동설로) 언제든지 뒤집히거나 수정된다. 인간은 흔히 자기 자신이 가장 중요하다고 믿고, 인간이 우주의 중심이라고 생각한다. 과학은 이런 인간 중심적이고 지구 중심적인 개념을 하나하나 극복해 왔다. 과학이 발전함에 따라 우주는 점점 커지고 지구는 점점 작아졌으며, 과학은 이 사실을 기꺼이 받아들였다.

지동설을 주장하면서 근대과학의 문을 열어젖힌 코페르니쿠스는 "우리가 무엇을 아는지 아는 것, 그리고 우리가 무엇을 모르는지 아는 것, 그것이 참된 지식이다"라는 멋진 말을 남겼다. 스마트한 세상이라고는 하지만 인간의 편견, 오만과의 싸움은 지금도 계속되고 있다.

대학을 넘어서

대안교육은 대학 앞에서 작아진다. 의지를 품고 대안학

교에 아이를 보내면서도 대학 앞에서 불안해하는 부모들, 내 바깥의 적은 보면서 내 안의 적은 보지 못하는 나처럼 모두들 비슷한 유전자를 가지고 있는 듯하다.

내 안의 적이 밖의 적과 다르지 않다는 걸 깨닫고 용기 있게 맞서야 한다. 한국 사회의 부모라면 이 싸움을 피할 수 없다. 대안학교를 졸업하고 대학에 진학하지 않고도 자신이 원하는 삶을 살아가는 것은 정녕 불가능한가? 대안학교의 진로교육은 어떠해야 하는가? 대안교육 이후 아이의 삶에 대한 질문이 필요하다.

"오늘 나는 대학을 거부한다!"고 자퇴를 선언하며 한국 사회를 뒤흔든 김예슬처럼 되라고 요구할 수는 없다. 김예슬이 지적했듯, 우리는 대학에 갈 때는 이유를 묻지 않고 대학을 그만둘 때만 이유를 묻는다. 정녕 던져야 할 질문은 '왜 대학에 가는가?'가 아닐까? 끝없는 경쟁이라는 현실을 외면하지 않는다면, 영혼 없는 교사와 부모 되기를 거부한다면, 왜 모든 청소년이 대학에 가야 하는지를 물어야 한다.

2018년 한국의 대학 진학률은 69%를 웃돈다. 우리나라 경제 수준에서 70%에 가까운 대학 진학률은 정상이 아니다. 미국 42%, 일본 55%, 유럽 선진국 40%, OECD 평균 36%와 비교해도 한국의 대학 진학률은 확실히 비정상적이다.

나는 25년간 긴 트랙을 질주해 왔다. 친구들을 넘어뜨린 것을 기뻐하면서, 나를 앞질러 가는 친구들에 불안해하면서. 그런데 이상하다. 더 거세게 채찍질해 봐도 다리 힘이 빠지고 심장이 뛰지 않는다. '큰 배움大學 없는 대학'에서 우리 20대는 적자세대가 되어 부모 앞에 죄송하다. 스무 살이 되어서도 꿈을 찾는 게 꿈이어서 억울하다. 나는 대학과 기업과 국가, 그들의 큰 탓을 묻는다. 그러나 동시에 내 작은 탓을 묻는다. 이 시대에 가장 위악한 것 중 하나가 졸업장 인생인 나, 나 자신임을 고백할 수밖에 없다. 이제 대학을 버리고 진정한 大學生의 첫발을 내딛는 한 인간이 태어난다.
  _김예슬, 『오늘 나는 대학을 그만둔다. 아니, 거부한다!』 중에서

대학, 기업, 국가의 큰 책임을 묻기 전에 스스로의 작은 책임을 묻는 용기가 진정성 있게 느껴진다. 대안학교 교사의 슬픔 중 하나는, 오랫동안 아이를 공들여 가르쳐도 대학 앞에서 도로아미타불이 된다는 사실이다. 참 허무한 일

이다. 그리고 그보다 슬픈 건 대학 앞에서 아이가 대안을 찾지 못하고 쩔쩔맨다는 사실이다.

많은 아이들은 대학만 가면 인생이 풀린다는 부모와 교사의 말을 믿고, 입시훈련소의 지옥훈련을 거쳐 대학에 진학한다. 하지만 여전히 무엇을 해야 하고, 또 하고 싶은지 알 길이 없다. 대안학교에 다니는 아이들은 불안과 자신감 사이를 오가는 이중적인 삶을 산다. 네 안에 있는 힘을 신뢰하라는 교사의 말을 반신반의하며 졸업까지 버틴다.

나는 대학을 나온 사람이다. 대학을 나오지 않은 삶을 잘 알지도 못하면서 자신 있게 말할 수 없다. 대학에 목매지 말라고, 대학이 전부가 아니라고 말하는 어른 대부분은 대학을 나온 사람들이다. 역설이라면 역설이다. 하지만 대학 입시가 교육의 최종 목표가 되어서는 안 된다는 말은 꼭 하고 싶다. 대학에만 매달리기에는 청춘은 너무 아름답다. 내가 대학에 갔던 건, 그 당시 인문계 고등학생으로서 대학 진학 외에 다른 길은 생각할 수 없었기 때문이었다. 그래도 지금은 다른 길이 많이 생겼다. 대학은 여러 선택지 중 하나일 뿐이다. 대학을 절대시 여기지 말고 상대화해서 보자.

만약 대학에 가고자 한다면, 자신이 스승으로 삼고 싶은 교수가 있는 대학을 찾아가자. 하고 싶은 공부를 마음껏 할 수 있는 그런 대학을 고르면 된다. 공부가 싫거나 하고 싶은 공부가 없으면 당당하게 대학에 가지 말자. 또 요즘은 곳곳에 대학 못지 않은 좋은 교육기관들이 많다. 대안 대학도 고려해 볼 만하다. 대학에 가서 생각 없이 사는 것보다, 대학에 가지 않더라도 생각하며 사는 것이 더 멋진 삶이다.

9장 정글의 법칙에서 숲의 원리로

9¾ 승강장의 비밀

9번과 10번 승강장 사이에 있는 개찰구로 곧장 걸어가기만 하면
된단다. 부딪힐까봐 멈추거나 겁먹지 않는 것, 그것이 중요하지.

전 세계에 엄청난 열풍을 불러일으킨 해리포터 시리즈
마지막 편에 등장하는 대사다. 어른이 된 해리포터가 오래
전 자신의 부모가 그랬듯이, 자녀와 함께 9¾번 승강장으
로 한 치의 망설임도 없이 힘껏 뛰어든다. 개인적으로 가
장 인상 깊은 장면이었다. 대안교육은 해리포터처럼 없는

길을 간다. 이를 위해서는 마법이 필요하고, 그래서인지 내게는 해리포터와 호그와트 마법학교가 대안교육에 대한 은유로 읽힌다.

마법학교는 기본적으로 체험학습을 한다. 재미있는 과목이 넘쳐 난다. 아이는 자신만의 고유한 능력을 개발한다. 대안학교도 비슷하다. 아이는 자신이 마법사의 후예라는 진실을 모른 채 지내다가 대안학교에 와서야 자신의 보석 같은 능력과 개성을 발견한다. 한 학기, 한 학년이 지날 때마다 아이는 부쩍부쩍 성장한다. 이곳에선 짓궂은 장난과 실패의 경험조차 아름답다. 마법학교 이야기처럼, 대안학교 이야기도 결국 성장에 대한 이야기다.

마법은 $9\frac{3}{4}$번 승강장의 비밀과 같다. $9\frac{3}{4}$번이라니. 9번이면 9번이고 10번이면 10번이지, 9번 승강장과 10번 승강장 사이에 뭔가 있단 말인가? 사람들 눈에는 그냥 벽이 있을 뿐이지만 $9\frac{3}{4}$번 승강장은 막혀 있지 않다. 그곳으로 망설임 없이 뛰어든다는 것은, 도약이 필요하다는 뜻이다. 인생에는 때때로 모험과 도약이 필요하고, 대안학교에 들어서는 순간도 그렇다. 물론 대안학교에 다니건 일반학교에 다니건 모든 아이는 마법의 씨앗을 간직하고 있다.

대안교육은 유기농이다

초등 대안학교에서 일할 때 한 독일 젊은이가 일주일 동안 자원봉사자로 다녀간 적이 있다. 그의 블로그에 들어가 봤더니 대안교육을 'organic education'이라고 표현해 놓았다. 보통 대안교육은 무미건조한 느낌의 'alternative education'이라고 번역하는데, organic이라는 표현이 참신했다. 그렇다. 대안교육은 성장촉진제(조기교육과 사교육)와 제초제(체벌과 우열반)를 뿌리지 않는 유기농이다. 수십 년간의 노력 덕분에 유기농이 사회적으로 보편화되었듯, 대안교육도 언젠가는 우리 사회에서 인정받고 널리 실천되지 않을까.

유기농이기에 찾아낼 수 있었던 두 가지 아름다운 진실이 있다. 하나는 억압이 없는 자유로운 환경에서 아이가 존중받으면서 자라나면 지적, 정서적, 육체적으로 올곧게 성장한다는 것이다. 다른 하나는 아이는 한 가지 방식으로만 성장하지 않는다는 것이다. 성장의 길은 고정되어 있지 않고 다양하며, 교육이란 이 다양한 길을 존중해 주는 것이다. 이 사실을 아는 데 20년 가까이 걸렸다. 대안교육 20

년의 소중한 성과다.

유기농이라는 말이 유약하게 들리는가? 대안교육은 그와 전혀 다른 모습도 지니고 있다. 대안교육이 생긴 지 어느덧 20년이 지났고, 그 기간 내내 상당한 변화를 안팎으로 요구받았다. 우리 사회와 교육은 항상 변화의 물결 위에 있다. 그런 점에서 대안교육이란 '젊음과 도전'이기도 하다. 젊음을 유지하기 위해서 도전을 받아들였다. 호기심이 사라지고 새로운 것을 낯설어하면 늙기 시작한다. 젊은 마음으로 대안교육을 새롭게 빚어내려 애썼다. 이런 대안교육은 아래 글에 나오는 매와 같다.

꿩이 화려한 깃털로 치장하고 있지만 한 번에 백 걸음 정도의 거리밖에 날지 못하는 것은, 살은 쪘으나 날개 힘이 부족하기 때문이다. 매가 비록 아름다운 깃털을 지니지는 못했어도 날개를 쳐서 하늘 높이 날아오르는 것은, 골격이 강건하고 그 기세가 맹렬하기 때문이다. _『문심조룡』 중에서

대안교육은 좀 더 나은 미래를 한발 앞서 살아보려 했다. 대안교육에 대한 교사와 부모의 마음은 공동체를 향한

순수한 열정이다. 현재의 모습은 지난날 우리의 상상력과 실천의 결과다. 미래는 불안 속에서 운명처럼 마주치는 것이 아니라, 우리가 상상하고 만들고 선택하는 것이다. 그 미래를 위해서 우리는 묻고 또 물었다. 그 질문의 끝에 서서 새로운 교육을 실천해 왔다.

너의 언어로 말하라

그동안 대안학교 아이들에게 "하고 싶은 거 하면서 행복하게 지내라"고 자신 있게 말해 왔다. 그런데 언제부턴가 아이가 "그건 아니잖아요" 하고 이의를 제기하고 나섰다. 많은 졸업생들이 공통적으로 지적했기에 재고하지 않을 수 없었다. 2013년 '출렁이는 바다에 흔들리는 배'라는 주제로 대안교육 포럼이 열렸는데, 한 대안학교 졸업생이 나와서 다음과 같은 발언을 했다.

나는 2004년 대안학교에 입학했고, 졸업 후 성공회대학에서 사회학을 전공하고 있다. 여러분들의 발표를 들으면서 최근의 고민과 맞닿는 부분이 있어 이야기하려고 한다. 대학에서 친구를 만나면서 대안학교 친구와 다르다는 것을 느낀다. 회의감이 들고 힘들 때도 있다. 대안학교 출신들은 자기를 잘 표현하고 질문을 잘하는데, 그것이 큰 성취라고 생각한다. 그러나 현실을 보면 대부분의 아이들과 대화가 잘 안 된다. 웬만한 사람들과 함께 일하기가 어렵다. 부르디외 이론에 의하면 요즘은 문화적 취향 즉 문화자본으로 계층이 나뉜다고 한다. 대안학교 출신들은 문화자본에서 분명한 우위를 가지고 있다. 그리고 딱 그만큼 우리 세대가 힘들다고 생각한다. 우리 사회에서 대안교육이 희망이 되려면 보편적으로 실현될 수 있는 교육 모델을 제시해야 할 것이다.

예를 들어, 대안학교에서 흔히 교육 주제로 다루는 '유기농 먹거리'에 대해 다른 계층이나 집단은 거리감을 느낄 수 있다. 아이에게 유기농 식품을 먹이고 가르치는 것이 무엇이 잘못이냐고 억울해할 수 있지만, 졸업 이후 사회생활까지 내다본다면 이런 문제의식을 받아들여야 한다. 우리 사회에 '보편적으로' 실현될 수 있는 교육 모델을 제안하라는 지적은 정곡을 찌르고 있다.

대안학교에서 아이한테 많이 듣는 말 중 하나가 "이거 왜 해요? 안 하면 안돼요?"다. 이런 반발 앞에서 대안학교 교사는 대개 세게 나가지 못한다. '아이가 하기 싫어하는 일을 억지로 하게 해서는 안 된다', '아이의 생각을 존중해야 한다'는 생각이 밑바탕에 깔려 있기 때문이다. 현재 사십대 이상의 부모나 교사는 대개 자녀 교육에 무관심하거나 억압적인 부모 밑에서 자랐다. 그러다가 자유와 민주주의 세례를 받으면서 자기 아이에게 많은 자유를 허락했고, 그러는 동시에 한편으로는 혼란스러워했다. 버릇없이 구는 아이를 제재하는 것도 혹시 아이의 자유와 인권을 구속하는 것은 아닌가 신중했다.

하기 싫은 일도 해야 할까, 하지 말아야 할까? 언제까지 자기가 하기 싫은 일은 안 해도 될까? 이런 고민에서 벗어나려면 간단한 발상의 전환이 필요하다. '자기가 하고 싶은 것만 하면서 살 수 있는 세상은 없다'고 정확하게 말해 주는 것이다. 아무리 대안학교라도 자기가 하고 싶은 것만 하는 곳은 없다. 이건 자율성이나 자립과는 다른 차원의 문제다.

아이에게 대안학교 바깥에 다른 세상이 있다는 사실을 알려 줘야 한다. 졸업하기 전에 알아야 한다. 어떻게 세상과 부딪치며 살아야 할지, 어떻게 자기 인생에 책임을 져야 할지를 미리 경험해야 한다. 학교에 다니는 동안 하고 싶은 것만 하면서 행복한 아이로 지내는 것이 결코 좋은 것이 아니다.

'학교 다니는 동안 행복하기'가 절반의 목표라면 나머지 절반은 무엇일까? 행복과 성장은 학교 안에서만 이루어지는 것도, 십대 청소년 시기에만 이루어지는 것도 아니다. 그리고 인생에 행복과 성장만 있는 것도 아니다. 대안학교에 다니는 동안 준비를 해야 한다. 행복만 추구하기보다 때로는 불행을 껴안으며 난관을 헤치고 스스로 뚜벅뚜벅 걸어가면서, 또 때로는 타인에게 의지하면서 어른이 될 준비를 하는 것이다.

대안학교와 아이가 살아갈 사회 사이에 어떤 간격이 생긴 것 같다. 아이가 졸업 후에 이 간극 앞에서 현기증을 덜 느끼도록, 대안교육의 철학을 포기하지 않으면서도 간격을 좁힐 수 있는 방법을 찾아야 한다. 우리가 하고 있는 일의 성과와 한계를 잘 파악해야 한다.

그리고 아이에게는 이렇게 말해야 한다. 지금 이 시간을 너만의 언어로 표현해야 한다고. '넌 할 수 있어', '하고 싶은 걸 해', '자기주도적으로 살아'와 같은 상투적인 말이 아니라 '진짜 너의 언어를 찾아야 한다'고. '그 언어가 너를 두려움과 무기력에서 구할 수 있다'고. '미안하지만 그 언어만은 가르칠 수 없다'는 고백과 함께.

사회와 소통하는 대안교육

지난 20년을 회고해 볼 때, 부끄럽지만 인정할 수밖에 없는 건 대안교육 진영이 조급했고 서툴렀다는 것이다. 지금부터라도 잘못한 것을 찾아내서 걸러내는 작업, 그리고 실제로 잘한 것은 무엇인지 찾아내서 더 발전시키는 작업이야말로 도약하는 길이라고 생각한다. 새로운 미래를 만들기 위해 과거를 돌아보고 현재와 씨름하며 대안교육의 활로를 꼭 찾고 싶다.

이때 중요한 것은 '새의 시선' 내지 '외계인의 시선'이다. 내 눈으로는 내 눈을 볼 수 없고, 지구를 벗어나지 않는 한 지구 전체를 온전하게 볼 수 없는 것처럼, 대안교육 안에서는 대안교육을 정확하게 볼 수 없다. 외부에서 바라보는 객관적인 관점이 꼭 필요하다.

대안교육의 초기 전략은 차별화였다. 따라서 다름을 부

각시키기 위해 세상과 구별 짓고 공교육과의 차이를 강조했다. 게다가 대안학교는 공공의 지원을 기대하기 어려운 상황에서 모든 것을 스스로 해결해야 하는 자족적이고 자기 완결적인 공동체였기 때문에, 의도와 무관하게 사람들에게 '고립된 섬' 내지 '그들만의 리그'로 보이는 측면이 있었다. 특히 '강제된 재정적 자립'은 계층적으로 갇히는 결과를 초래했고, 이것이 20년 동안 대안교육의 발목을 잡았다.

많은 학교들이 재정 문제와 터전 마련에 에너지를 소모하면서 중요한 시기에 변화의 동력을 잃어버린 것이 아닌가 싶다. 처음에는 임대 주택에서 시작했다가 학생 숫자가 늘어나면서 점점 영구 터전 마련에 집중하였다. 대안학교의 자기희생적 비용, 즉 학부모가 감당해야 할 재정적 부담의 규모가 예상보다 더 커져 버리면서 융자, 채권과 채무란 말에 익숙해지게 되었다. 교육에서 공간이 갖는 중요성이 분명 있다. 다만 사회적 소통과 실천을 통해서 대안교육이 도약을 해야 할 중요한 시기에 영구 터전 마련에 힘을 쏟아붓느라 구성원들의 관심의 방향이 내부로 향하면서 사회와의 소통이 더 힘들어지지 않았나 싶다.

대안학교와 사회 사이에 인식의 간극이 있다. 지난 20년 동안 교육부 등 기성 사회는 대안교육을 학교 부적응아를 위한 공교육 보완재 정도로 바라보는 시각을 견지하고 있다. 이는 국가주도교육 외의 교육을 인정하지 않으려는 관성 내지 선입견에서 비롯된 태도 때문이 아닌가 생각한다.

대안교육은 공교육에서 굳어진 모범생-문제아, 우등생-열등생이라는 '이분법적 패러다임'의 피해자라 할 수 있다. 이는 한번 굳어진 사회적 통념 혹은 편견은 얼마나 고치기 힘든지, 역설적으로 대안교육이 왜 필요한지를 설명해 주기도 한다. 대안교육이 힘든 이유는 이런 패러다임 자체를 바꾸는, 즉 교육과 아이를 바라보는 관점 자체를 바꾸는 일이다. 천동설이 지동설로 바뀌기까지 얼마나 많은 사람들이 사상의 자유를 빼앗겼는지, 그리고 얼마나 오랜 시간이 필요했는지 생각해 보라.

20년 동안 지켜본 바, 대안교육에 대한 사회적 인식이 저절로 바뀌지는 않을 것이다. 대안교육을 직간접적으로 체험해 볼 수 있는 행사를 자주 열고, 대안학교 내부의 소통은 물론 사회와의 소통을 통해 영역을 넓혀 나가야 한다. 매달 또는 매 학기 '우리 동네 대안학교 개방의 날'을 열거나, 일반인과 함께하는 대안교육 한마당 같은 걸 열다 보면 대안교육의 공공성 확보와 동시에 내부의 개혁이라는 부수적 효과도 기대할 수 있지 않을까.

압정 효과라는 것이 있다. 대안교육의 이상이 자기들만의 자족적인 섬에서 벗어나 사회적 공감을 얻고 커다란 흐름을 이루려면, 압정의 머리에 해당하는 폭넓은 대중적 지지기반을 다져야 한다. 그리고 핀 끝은 지금보다 더 전문적으로(더 대안교육다운 모습으로) 예리하게 벼려야 한다.

별이 이끄는 대로, 사랑과 연대의 길로

러시아 화가 일리야 레핀의 〈볼가강에서 배를 끄는 인부들〉(1873)에서 여섯 번째 인물인 '희망을 간직한 채 미래를 향해 눈을 돌리는 소년'은 교육의 존재 이유를 인상적으로 웅변한다. 때로 우리는 두 번째 인물인 '운명과 싸우며 스스로 존엄함을 지키는 지혜롭고 강인한 현자'가 되고, 때로는 네 번째 인물인 '시대적 모순에 누적된 분노로 이글거리는 사나이'가 되고, 또 때로는 현실을 외면하는 얼굴 없는 인물이 된다.

세상의 힘 있는 자들은 대안은 없다고 외쳐 왔다. '민영화 외에 대안은 없다, 부유세 철폐와 부자 감세 외에 대안은 없다.' 교육 부문에서는 '전국일제고사 외에 대안은 없다'고 했다. 간단히 말하면 '지금 이대로가 좋다'는 뜻이다. 하지만 우리는 수많은 대안이 있다고 믿고 있다. 아직 상상력과 용기가 부족할 뿐.

대안교육은 우리 사회의 불공평과 차별을 극복하려고 했다. 대안학교 부모들은 사교육을 미련 없이 포기했다. 교사들은 자율성 속에서 사랑과 공평을 실현하는 데 매진했다. 영어, 수학 중심의 교육과정을 과감하게 손봤다. 가까이 있는 소수자에게 손을 내밀었고, 멀리 지구 반대편까지 관심을 갖고 찾아갔다. 다시 말해 대안교육은 무한경쟁, 승자독식, 우열의 구분으로 가득한 '정글의 법칙'을 떠나서, 함께 어우러져 살기 위해 연대의 생태망을 이룬 '숲의 원리'를 받아들였다. 숲의 다양성과 건강함을 믿고, 서로가 서로를 살리는 상생의 원리로 나아갔다.

대안교육은 제도권 밖으로 걸어 나갔을지언정 교육을 포기한 적은 없다. 진보적인 교육감들이 보편적 교육복지라는 말을 즐겨 사용하는데, 대안교육을 외면한 보편적 교육복지는 알맹이를 뺀 껍질일 뿐이다. 교육, 육아, 주택, 의료는 공공재라는 사실을 잊지 말자.

교육에 관한 법조항을 보면 헌법은 포괄적이고 추상적인 데 반해 교육기본법은 꽤 구체적이다. 특히 교육기본법 제4조(교육의 기회균등)는 눈밭의 꽃처럼 눈에 확 띈다.

모든 국민은 성별, 종교, 신념, 인종, 사회적 신분, 경제적 지위 또는 신체적 조건 등을 이유로 교육에서 차별을 받지 아니한다.

또 제2조(교육이념)에서는 다음과 같이 말하고 있다.

교육은 인격을 도야하고, 자주적 생활 능력과 민주시민으로서 필요한 자질을 갖추게 함으로써, 민주국가 발전에 이바지하게 함을 목적으로 한다.

대안교육의 취지는 교육기본법과 크게 다르지 않다. 대안교육은 특별한 교육이 아니다. 마땅히 그래야 하는 교육의 본래 모습에 좀 더 다가서고자 할 뿐이다.

인간이 도달할 수 없다고 해서 별이 존재하지 않는 건 아니다. 밤하늘의 별은 인간에게 꿈과 아름다움을 선사하고 방향을 제시함으로써 그 역할을 다하고 있다. 동서남북 어느 방향으로 갈지는 인간이 정한다. 많은 사람들이 현대는 좌표를 잃어버린 시대라고 말하지만 그렇지 않다. 하늘에 좌표가 있고 땅에도 좌표가 있다. 엄연히 존재하는 별을 인간이 가려 버렸듯, 좌표는 주위에 널려 있지만 인간의 탐욕이 가린 것뿐이다. 우리는 이웃을 사랑하고 우정을 나누며 연대할 때 스스로 떳떳하다고 느낀다. 떳떳한 인간이 행복하며, 이것이 좌표다.

자본주의가 심화되면서 양극화는 더욱 심해지고 양심은 점점 무뎌지고 보수화된다. 그럴수록 "정의와 연대는 인간이 포식의 단계를 극복하고 진보하려는 소중한 시도"라는 아인슈타인의 말을 떠올린다. 나는 포식사회를 뛰어넘으려는 시도를 포기하지 않을 것이다. 교육자이기 때문에 더욱 더 그러할 것이다.

10장 새로운 리더십을 기다리며

리더십은 신뢰에서 싹튼다

사범대를 나와 교직 발령을 받고 공교육 교사로 15여 년 그리고 대안학교 교사로 20여 년을 보냈다. 그중 15년 은 교장 직책을 맡았다. 하지만 평소에는 교사로서의 정체 성이 교장으로서의 정체성보다 앞선다. 불이학교 구성원 들도 주로 교장샘보다는 강똥(강아지똥)샘이라 부른다.

대안교육 초기에는 공립학교 교장의 비민주적이고 권 위적인 이미지 때문에 교장이라는 명칭 대신 '대표교사' 라는 명칭을 주로 사용했다. 내가 공교육에서 지낸 시간을 돌이켜 보면, 단연 '교장과의 투쟁의 역사'라고 말할 수 있다. 교장은 교육민주화의 최대 장애물이고, 교장제도의 개혁이야말로 학교민주화를 향한 첫 걸음이다.

일반학교와 많이 다르긴 하지만 대안학교의 교장은 어떤 존재이며 역할이 무엇인지 살펴보면서 교장제도와 교육현장의 리더십 문제를 다시 생각해 보고자 한다.

공립학교든 사립학교든, 규모가 크든 작든, 교장의 리더십은 포용력과 추진력, 그리고 미래에 대한 전망을 제시할 수 있는 통찰력을 포함한다. 미래를 미리 겁낼 필요는 없다. 지금 이 순간 아이, 부모, 교사 들과 함께 진인사대천명의 자세로 최선을 다하면 된다.

무엇보다 교장은 어떤 경우에도 불안해해서는 안 된다. 한마디로 느긋해야 한다. 학교 시설, 교육과정, 진로, 교사 복지 등 불안 요소가 많은 대안학교에서는 더욱 그렇다. 교장이 먼저 불안해하면 어떻게 될까? 지금 우리 사회에서 가장 잘 팔리는 상품이 '불안'이라는 유령인데, 이건 전염 속도가 빠르기로 악명이 높다.

나는 어려운 문제 앞에서는 일단 말을 아낀다. 할 수 있는 건 할 수 있다고 말하지만, 할 수 없는 일에 대해 할 수 있다고 말해서는 안 된다. 약속을 안 지켜서 믿을 수 없는 사람이 되기보다 차라리 (능력이 부족한 사람으로) 오해받는 편을 택한다. 오해는 언젠가 풀리지만 '정직하지 못한 사람'이라는 평판은 (자존심 문제이기도 하고) 훨씬 오래간다. 이런 작은 신뢰가 쌓이면 불안을 극복하고 리더십을 만들어 낼 수 있게 된다.

내가 말 많고 탈 많은 대안교육 판에서 20여 년 살아남을 수 있었던 것은 입과 귀를 무겁고 두텁게 했기 때문이다. 이 또한 상호 간 신뢰를 쌓는 방법이다. 알고 있는 정보라도 별로 아름답지 않다고 생각되면 말하지 않는다. 아름답지 않은 정보라면 들어도 못 들은 척한다. 누군가는 그런 나를 보고 좀 답답하다고 생각하겠지만 달라지고 싶지 않다. 모르는 걸 아는 척하는 것이 능력이라면, 알고도 모르는 척하는 건 고등 능력이다.

함께하는 리더십

대안학교는 아이에게 자율성과 자립심을 키워 주는 것을 주요한 교육 방침으로 삼고 있는데, 나는 이 생각을 교사회에도 적용하려고 했다. 즉 동료교사들과 역할뿐만 아니라 권한과 책임까지 나눔으로써 '함께하는 리더십'을 추구해 왔다. 교사회는 수직적인 위계 구조가 아니라 수평적인 구조이기에, 교사의 자발성과 협동심을 이끌어 내는 것이야말로 교장이 발휘할 수 있는 가장 큰 리더십이다.

자리가 사람을 만든다는 말도 있지만, 교장이 리더십을 발휘하기 위해서는 의식적인 노력을 해야 한다. 나 또한 불이학교 교장이 되고 나서야 리더십에 대해 본격적으로 고민하게 되었다. 그동안 나는 누구로부터, 무엇으로부터 리더십을 배워 왔는가? 나의 감각에 들어오는 이 세상 모든 것으로부터, 그리고 산 자와 죽은 자 모든 이들로부터 배웠다. 내 능력의 대부분은 남의 것이다.

그러니 교장의 생각과 신념만으로 교사회를 이끌어 가기보다는 모두의 의견을 최대한 존중하면서 경청해야 한다. 다양한 의견들 속에서 균형 감각을 유지할 때 학교는 발전한다. 한 사람의 생각보다는 여러 사람의 생각이 대체로 더 낫다. 내가 알고 있는 것이 전부가 아니다. 교장이 듣고 싶은 것만 듣고 보고 싶은 것만 본다면, 동료와의 사이에 스스로 장벽을 세우는 꼴이다.

모든 일을 혼자서 다 하려는 교장은 최악이다. 교장은 자신의 장점은 숨기고 오히려 약점을 드러냄으로써 동료 교사가 뛰놀 수 있는 무대를 마련해 줘야 한다. 교사가 학교의 주인처럼 일한다면 즐거움이 두 배가 되고, 교장의 어시스트로 골을 넣는다면 성취감이 두 배가 될 것이다. 내가 말할 수 있는 것을 다른 교사가 말할 수 있게 돕는 것도 그로 하여금 성취감을 맛보게 하는 좋은 방법이다. 완벽한 교장보다 불완전한 교장이 낫다. "모르겠습니다", "미안합니다", "어떻게 하면 될까요?" 내가 즐겨 하는 말이다.

교장에게 없거나 부족한 능력은 어떻게 할까? 그 능력을 지닌 교사의 힘을 빌리면 된다. '나에게는 능력과 재주를 빌릴 수 있는 동료가 많아서 참 좋다'라고 생각한다면 성공이다. 학교라는 현장은 누군가의 단독 콘서트가 아니라 여러 사람이 협연하는 무대다. 교장은 협연자(동료교사)가 긍지를 갖고 자기 색깔대로 편안히 연주할 수 있도록 돕는 사람이다. 아름답고 활기찬 협연을 이끌어 내지 못한다면 지휘할 이유가 없다.

도전하는 리더십

대안학교 교장의 앞길은 평탄하기보다 예상치 못한 난관과 맞닥뜨릴 가능성이 훨씬 높다. '도전하는 리더십'이 필요한 이유다. 교장은 학교철학을 굳게 지켜야 할 때도 있지만, 새로운 생각을 받아들이는 데 앞장서야 할 때도 있다.

우리는 흐르는 강물을 거슬러 올라가는 배에 탄 사람과 같다. 안정만을 꾀하며 현상 유지를 하려고 하면 뒤로 밀려나고 만다. 때로는 우주만물이 그러하듯 중력에 기꺼이 순종함으로써 자유를 얻고, 때로는 새가 하늘 높이 날아오르듯 중력을 거스름으로써 자유를 얻어야 한다. 충만한 삶을 산다는 것은 삶의 위험을 기꺼이 받아들이고 모험에 몸을 던진다는 뜻이다.

'새로운 것에 대한 선의와 익숙하지 않은 것에 대한 호의를 가져라.' 니체의 말이다. 보통 사람은 관성에 길들여져 있고 관성은 혁신을 방해한다. 만약 20년 전에 일단의 부모와 교사들이 익숙함에 안주했더라면 대안교육은 어떻게 되었을까? 대안교육이 지금까지 존재하는 것은 항상 새로운 것, 익숙하지 않은 것을 추구했기 때문이다. 모든 살아 있는 유기체는 변화하며, 모험 속에 진정한 안정이 있다.

교육철학과 교육과정을 이미 완성했다 해도 매년 새로운 아이디어로 풍성하게 가꾸어야 한다. 광속으로 변하는 세상에서 완성이란 없으며, 정해진 교육과정을 답습하는 것은 결국 현실에 안주하는 것이다. 나는 불이학교 교사회를 갈라파고스로 만들고자 했다. 언제든 창의적이고 색다른 아이디어를 내놓을 수 있고, 그로 인해 생각에 다양한 변이가 일어나는 '생각의 갈라파고스' 말이다.

바둑 격언에 '정석은 암기하고 잊어라'라는 말이 있다. 정석이란 초반에는 꼭 필요하지만, 아마추어에서 프로로 발돋움하기 위해서는 그것에 얽매이지 않아야 한다. 정석대로만 두다가는 평생 아마추어 수준을 벗어나지 못한다.

사람을 키우는 리더십

20여 년 전의 교사가 아직도 현장에 건재하다는 것은 놀랍고 자랑스러운 일이다. 문제는 다음 세대가 취약하다는 점이다. 대안교육계에서 세대교체론이 거론되는 배경에는 지난 20여 년 동안 2세대 리더군이 등장하지 않았다는 문제의식이 깔려 있다. 20년이 지났는데도 새로운 얼굴이 나타나지 않거나 잠깐 나타났다가 사라진다는 건 심각한 문제다. 일은 많이 하면서 사람을 키워 내지 못하는 한국 사회의 오래된 병폐를 대안교육 판에서도 답습하고 있는 건 아닌지 반성하게 된다.

사실 대안교육은 지난 20년 동안 사람을 잘 키우지 못했다. 중간 리더들이 허약한 것이 그 증거다. 그 책임은 주로 대안교육 1세대에게 있다고 생각한다. 대안학교 교사라면 으레 힘들 것이라는 편견이 외부적으로 각인된 것만 해도 속상한데, 내부에서조차 여전히 그것을 당연하거나 어쩔 수 없다고 여기고 있다.

얼마 전 교육전문지 기자로 일하고 있는 청년을 만난적이 있다. 그는 대안학교 교사에 뜻을 두기도 했지만 왠지 '무서워서' 포기했다고 한다. 자신이 아이의 모든 것을 감당하기는 어려울 것 같아서, 과중한 업무로 힘들 것 같아서, 적절한 휴식과 사생활이 없을 것 같아서 무섭다고 했다. 이것이 대안학교 교사에 대한 일반적인 이미지다.

그래서 나는 아이들보다 교사들을 더 중시한다. 이것이 나의 학교 운영 철학이다. 눈에 넣어도 아프지 않을 정도로 소중한 우리 아이들, 그들을 가르치고 보살피는 교사들은 또 얼마나 중요한 존재인가! 대안학교 교사는 몸을 사리지 않고 반사적으로 아이에게 헌신한다. 그럼 교사는 누가 보살피는가? 나라도 해야겠지. 피곤한 교사는 아이를 망칠지도 모른다.

새로운 리더십을 기다리며

이제 새로운 리더십이 생성될 수 있도록 믿고 응원하고 기다려 주어야 한다. 이를 위해 현장에서부터 변화를 만들어 갈 것을 제안한다. 대략 학생 수 30명 이상인 현장에서 대표교사를 교장으로 위상을 변화시켜 보는 건 어떨까? 그러면 현장의 리더십이 어느 정도 살아날 것이다. 이것이 출렁이는 바다에서 대안교육이라는 흔들리는 배를 이끌어 나가기 위해 우선적으로 취해야 할 조치라고 생각한다.

초기 대안학교들은 열악한 조건 속에서 각자도생해야 했다. 하루하루 한 해 한 해 생존에만 집중해야 했다. 넘치는 의욕에 비해 성숙하지 못했던 생각들로 인해 잦은 갈등을 겪었다. 가치를 추구하는 사람들 특유의 강한 신념이 학교 전체의 발목을 잡곤 했다. 아이들에게는 협동을 가르치면서 정작 어른들은 협동할 줄 몰랐다. 아이들에게 다양성에 대한 인정, 타인에 대한 배려, 기다림, 공동생활의 도리 등을 가르치는 것이 무안할 지경이었다. 크게 보면 같은 방향임에도 작은 차이를 넘어서지 못했다. 같은 점보다 다른 점을 보는 데 더 익숙했다.

상황이 이렇다 보니 장기간 안정적으로 학교를 운영하는 경험을 거의 하지 못했다. 인적 역량이 축적될 여유가 없었고, 리더십 또한 제대로 형성되지 못했다. '학교의 안정화'라는 지상 과제 앞에서 역설적으로 학교 안정의 열쇠인 리더십에 대해 성찰할 여유가 없었던 것이다.

만약 20년 전으로 돌아가서 다시 대안교육을 시작하고 학교를 만든다면 어떻게 해야 할까? 무엇보다 함께 일하는 사람 자체를 소중하게 생각하고, 주변 사람이 지치게 내버려 두지 않으며, 단기간에 성과를 내려고 조급하지 않아야 한다. '타인에 대한 이해'처럼 어려운 일도 없지만, 공동체 운영에 있어서 가장 상위의 가치라는 데 합의해야 한다. 교육을 통해서 추구하는 가치가 소중한 만큼 타인의 생각과 구성원에 대한 배려와 양보도 중요하다는 것을 먼저 배워야 할 것이다.

바둑 대국이 끝나면 복기라는 것을 한다. 두 대국 당사자가 처음부터 끝까지 바둑알을 다시 놓는 것인데, 이 복기를 통해서 승자든 패자든 많은 것을 배울 수 있다. 우리도 복기를 해 보면 좋겠다. 교육의 미래와 리더십이라는 관점에서 복기하는 것이다. 이 작업을 기억과의 투쟁이라고 불러도 좋다.

강산이 두 번 변할 시간이 흘렀다. 이제는 대안교육도 새로운 감수성을 가질 때가 되었다. 지금까지 각인된 대안교육의 이미지를 걷어 내고, 동료들과 함께 새로운 학교를 만들어 가자. 피곤에 찌든, 무거운 책임감에 짓눌린, 부모를 두려워하는, 쉼과 사생활이 없는 교사가 아닌, 열정을 품되 즐겁게 성장하고, 협동하는 교사회를 통해 자아를 실현하고, 현장에서 모두가 주인이 되는, 그런 교사들이 있는 학교를 꿈꾼다.

독일에서 나치의 야만을 극복, 청산하기 위해
'아우슈비츠 이후의 교육'을 주창한 것처럼,
우리도 지난 시대를 극복하기 위한 교육을 시작해야 한다.
'세월호 이후, 촛불 이후, 미투me too 이후'의 교육을 모색할 때다.

오늘도 진화하는 나

아이, 부모, 교사와 함께한 한평생이었다. 교육은 이들과 함께 '왜'라는 질문을 던지고 답을 찾아가는 과정이다. 아이를 만나면 질문이 끊임없이 솟아올랐지만, 때로 그것은 뭉치고 흩어지기를 반복하는 한여름의 구름처럼 허망했다. 그 허무함 속에서 건져 올린 한 줄기 빛은 '인간'이었다. 교육 이전에 인간이 있다. 인간을 모르는데 어찌 교육을 알 수 있으리오. 인간에 관한 고민이 이 글 여기저기 흩어져 있는 것은 그런 이유에서다.

내 나이 오십을 넘기면서, 고정된 정신세계에 갇히지 않

기 위해 투쟁을 시작했다. 나이가 들수록 완고하고, 탐욕
스럽고, 타인의 말을 듣지 않고, 잘못을 인정하지 않으려
는 사람들을 많이 보았다. 나도 그럴 수 있겠다는 생각에
이르자 투쟁을 시작한 것이다. 그 투쟁이 이 글까지 이르
렀다.

언제부턴가 우리 사회에서 행복이 인생의 목표로 소비
되고 있다. 흔히 사람들은 행복이란 불행과 아주 멀리 떨
어져 있는 그 무엇이라고 생각한다. 행복한 사람은 불행하
지 않고 불행한 사람은 행복하지 않다고 생각한다. 그러나
그렇지 않다. 행복과 불행은 동전의 앞뒷면처럼 함께 있으
며 분리할 수 없다. 행복 속에 불행이 있고 불행 속에 행복
이 있다. 내 인생의 목표는 행복 추구가 아니다. 내가 되고
싶은 사람은 살짝 외로우면서도 호기심으로 충만하고, 항
상 나를 포함한 인간과 세상을 탐색하며 배움에 목말라하
는 사람이다. 행복이란 그럴 때 자연스레 나를 찾아오는
것일 따름이다.

이제 다음 교육을 생각할 때다. 지금 한국 사회는 커다
란 전환점에 서 있다. 짧게는 이명박-박근혜 정권 10년,
길게는 해방 이후 70여 년 동안 거꾸로 된 사회를 바로잡

을 수 있는 기회다. "부자 되세요!", "1등만이 살 길이다!"
를 대체할 수 있는 새로운 담론을 생산해야 할 시점이다.
독일에서 나치의 야만을 극복, 청산하기 위해 '아우슈비츠
이후의 교육'을 주창한 것처럼, 우리도 지난 시대를 극복
하기 위한 교육을 시작해야 한다.

'세월호 이후, 촛불 이후, 미투[me too] 이후'의 교육을 모색
할 때다. 입시제도 개편 정도로 만족해서는 안 된다. 모든
아이들에게 꿈과 희망을 줄 수 있는 근본적인 변화가 필
요하다. 주요 과제는 '교육의 공공성 강화'와 '민주시민교
육'이다. 비판적 시민의식을 가진, 염치를 아는 인간이 그
어느 때보다 필요한 시기가 아닌가. 공교육과 대안교육이
힘을 합쳐야 하는 이유다.

여전히 교육을 고민하는 당신에게 고마움을 표한다. 그
고민이 다음 교육으로 이어질 것이다. 쉽게 해결되지 않는
무수한 질문들이 당신과 나를 더 나은 사람으로 만들고,
이 사회를 조금이나마 더 살 만한 세상으로 바꿔 나갈 것
이다.

아이는 당신과 함께 자란다

초판 1쇄 발행 2018년 7월 30일
초판 2쇄 발행 2018년 10월 25일

글쓴이 이철국 편집 김소아, 장희숙, 하늘
펴낸이 현병호 펴낸곳 도서출판 민들레
출판등록 1998년 8월 28일 제10-1632호
주소 서울시 성북구 보문로 34가길 24
전화 02-322-1603 전송 02-6008-4399
이메일 mindle98@empas.com 홈페이지 www.mindle.org

ISBN 978-89-88613-73-3(03370) 잘못 만들어진 책은 바꿔 드립니다.

이 도서의 국립중앙도서관 출판예정도서목록(CIP)은 서지정보유통지원
시스템 홈페이지(http://seoji.nl.go.kr)와 국가자료공동목록시스템(www.nl.go.kr/
kolisnet)에서 이용하실 수 있습니다.(CIP제어번호: CIP 2018022275)